OHSAMA BUNKO

# 世界遺産ミステリー

博学面白倶楽部



三笠書房

# はじめに……世界遺産を知ると、「歴史の見方」が変わる！

人類の歴史に彩られた世界遺産。

私たちはつい大自然の造形や歴史的名建築などに目を奪われがちだが、それは限られた一面にすぎない。多くの観光客が押し寄せる有名スポットの裏には、**謎や伝説、奇跡、事件……が潜んでいる。**

たとえば、最先端の透視技術で見えてきた「ピラミッド」内部の秘密、空中都市「マチュ・ピチュ」が築かれた本当の理由、「古都アユタヤ」に立ち並ぶ仏像はなぜ頭部を切り落とされているのか、世紀の大発見となった「敦煌文書」のその後、いまだに王妃マリー・アントワネットの亡霊があらわれるという「ヴェルサイユ宮殿」……。

本書は、世界各地や日本の自然遺産、文化遺産、複合遺産のなかから、**最新の発掘・調査によって明らかになった真実**をひもといていく。

**ガイドブックには出てこない知られざるストーリー**によって、歴史を分けた〝キーポイント〟が見えてくることだろう。

もくじ



## 1章

ヴェルサイユ、ナスカ、万里の長城、法隆寺……

## 「あまりにも名高い」がゆえに覆い隠された真実

## 2章 世界遺産に登録されたのに、なぜ？

エルサレム、北京原人、敦煌文書……

# 3章

## 名建築につきまとう「怪奇現象」を見た

アルハンブラ宮殿、ルーヴル、ロンドン塔、姫路城……

## 4章

## 「古代遺跡」は何を語っているのか

イースター島のモアイ、ポンペイ、エアーズロック、兵馬俑……

# 5章



## 歴史はまた、繰り返されようとしている

ダライ・ラマ、フィレンツェ、カッパドキア……

本文図版：ハッシィ
写真提供：アフロ・Fotolia・photolibrary

万里の長城
（中国／P.24）
北京原人遺跡
（中国／P.74）
故宮博物院
（中国／P.54）
姫路城
（日本／P.126）
法隆寺
（日本／P.42）
アユタヤ
（タイ／P.86）
ボロブドゥール
（インドネシア／P.70）
エアーズロック
（オーストラリア／P.172）
タージ・マハル
（インド／P.34）
モヘンジョダロ
（パキスタン／P.152）
ペルセポリス
（イラン／P.78）
テオティワカン
（メキシコ／P.164）
チチェン・イッツァ
（メキシコ／P.156）
マチュ・ピチュ
（ペルー／P.18）
ティカル
（グアテマラ／P.160）
イースター島
（チリ／P.144）
ナスカの地上絵
（ペルー／P.28）

■この世界遺産にどんなミステリーが!?

# 1章

ヴェルサイユ、ナスカ、万里の長城、法隆寺……

# 「あまりにも名高い」がゆえに覆い隠された真実

# 「ヴェルサイユ宮殿」にあるタイムトンネル

ヴェルサイユの宮殿と庭園(フランス)

⑭

## 絢爛豪華な最高建築

フランス・パリ観光の目玉といえば、やはり「ヴェルサイユ宮殿」だろう。一七～一八世紀、フランス絶対王政期の莫大な富を注ぎ込んでつくられたこの宮殿は、バロック建築の最高傑作といわれ、一九七九年に世界遺産に認定された。

いまからは想像できないが、もともとヴェルサイユは小さな村だった。ブルボン王朝のルイ一三世は、自ら狩猟を楽しむため、村に城館を建設。

その後、「太陽王」として知られる**ルイ一四世が「有史以来、もっとも大きく豪華な宮殿を建てよ」と命令すると、約五〇年間をかけて、絢爛《けんらん》豪華な宮殿がつくられた**のである。

ヴェルサイユの見所は全長七三メートルの鏡の間、ダヴィッドの名画「皇帝ナポレオン一世と皇后ジョセフィーヌの戴冠式」が飾られている戴冠の間、七つの部屋から

王妃マリー・アントワネットの亡霊はいまもヴェルサイユ宮殿に!?

なる王の大居室、王妃マリー・アントワネットの婚礼が行なわれた王室礼拝堂など多数あるが、ヴェルサイユ庭園の素晴らしさも見逃せない。

ヴェルサイユ庭園の広さは、約一〇〇万平方メートル（東京ディズニーランドの二倍！）の大庭園で、水と緑をふんだんに利用することにより見事な景観をつくり上げている。

しかし、このヴェルサイユには**不思議な噂が語り継がれている。**

なんと、タイムスリップ現象が起こったというのだ。

## タイムスリップ事件

もっともよく知られるタイムスリップ現

象は、二〇世紀初頭に発生した。

一九〇一年八月一〇日、イギリス人女性二人が、ヴェルサイユ庭園内にあるプチ・トリアノン宮殿付近を散歩していると、時代錯誤な服装をした男性二人と出会った。三角形の帽子にグレーがかった緑色のコート。まるでその約一〇〇年前のフランス革命時代の格好である。

彼女らはその男性たちに導かれ、プチ・トリアノン宮殿に進んでいく。するとテラスの下で女性を見かけた。白い夏の帽子に緑のスカーフをつけた美しく優雅な女性は、物思いにふけっているようだった。

その後、二人はヴェルサイユ庭園を出て帰路についたが、後日、再び庭園を訪れると、またもや不思議な人々に出会った。

彼女たちは外国人ということもあり、話しかけたりしなかったため、その正体はわからずに終わってしまったのだ。

## マリー・アントワネットが過去に招待した？

二人はイギリスへ帰国したのち、フランスの歴史について調べ始めた。その結果、彼女らがヴェルサイユ庭園で出会った人々と一八世紀の宮廷人の格好が同じであることに気づいた。

それから一〇年後、二人がヴェルサイユ庭園での体験を本にすると、学者などから意外な指摘がなされる。彼女たちが出会ったのはフランス革命当時の人々で、二人は**庭園を散歩しながら革命が勃発した一七八九年にタイムスリップしていた可能性が高い**という。

さらに驚くべきことに、白い帽子に緑のスカーフをつけた麗しい女性は、王妃マリー・アントワネットだというのである。

じつは、二人がタイムスリップしたとされる八月一〇日は、国王ルイ一六世とマリー・アントワネットが幽閉された日だった。生前、マリー・アントワネットはヴェルサイユ宮殿のなかでも、タイムスリップ現象の起こったプチ・トリアノン宮殿をとくに好み、愛娘たちと楽しい時間を過ごしていた。

**マリー・アントワネットはギロチンで処刑されたが、華やかな生活に未練を残し、いまも亡霊となってさまよっている**といわれる。彼女の思いの強さが、イギリス人女性二人をタイムスリップさせたのかもしれない。

# 空中都市「マチュ・ピチュ」がつくられた本当の理由とは

マチュ・ピチュの歴史保護区（ペルー）

18

## なぜ、こんな断崖絶壁の上に？

スタジオジブリ制作のアニメーション映画『天空の城ラピュタ』のモデルでは？との噂もある空中都市、マチュ・ピチュ。

それはアンデス山脈の標高二〇〇〇メートルを超える高地（富士山でいえば六合目と七合目の間あたり）にある、円錐形の「マチュ・ピチュ」（ケチュア語で老いた峰）と「ワイナ・ピチュ」（若い峰）の二つの峰の鞍部《あんぶ》に位置するインカ帝国の都市遺跡で、一九八三年に「マチュ・ピチュの歴史保護区」として世界遺産に登録された。

**マチュ・ピチュの都市部の広さは約五平方キロメートル（東京ドーム約一〇〇個分！）**。外周部が高さ五メートル、厚さ一・八メートルの城壁で囲まれており、その内側は王家地区、宗教地区、手工業地区、農家地区などに分けられている。

また、山頂へと続く丘陵部には「アンデネス」と呼ばれる段々畑が広がる。ところ

マチュ・ピチュ――標高2000メートル超の高地にどうやってつくられた?

どころに水路が張り巡らされていたり、九つの貯水槽が設けられているなど、灌漑《かんがい》施設の完成度は高い。畑でつくられた農作物をおさめる穀物倉もある。

石組みの組み立て方から、建設時期は一五世紀頃とみられる。それ以降、百数十年にわたり繁栄したが、インカ帝国の他の都市と同じく、一六世紀半ばにスペイン軍によって破壊されたと考えられている。

**住民であるインカ族が消え去ると、マチュ・ピチュは四〇〇年もの長きにわたり忘れ去られる**こととなった。その間は、「天空の城」ならぬ、「天空の廃墟」だった。

しかし一九一一年、アメリカ・イェール大学の歴史学者ハイラム・ビンガムが、先住民の案内を受けて発見したのだ。

## 生贄を捧げるため？

峻険《しゅんけん》な山の上にもかかわらず、高度な都市文明を開花させたマチュ・ピチュ。この地を訪れると、誰もが、なぜインカ族はわざわざ断崖の限られた空間に都市をつくったのか？　という疑問を抱く。

残念ながら、インカ族が文字を持たなかったこともあって、詳細は不明である。信憑性《しんぴょうせい》のありそうな説としては、スペイン軍から逃げる、あるいは対抗する作戦を練るための城砦《じょうさい》だとか、処女を生贄《いけにえ》に捧げる宗教施設ではないかといった説がある。だが、いずれも確証を得られていない。

マチュ・ピチュを発見した先の歴史学者ビンガムは、インカ帝国の伝説の城塞都市「ビルカバンバ」に違いないと主張。遺跡から出土した人骨の九割近くが女性のもので、彼女らは王や神々に仕えるため帝国各地から集められた巫女《みこ》だということを自説の根拠とした。しかし、近年の調査で人骨の割合は男性のほうが多いとわかり、この説も否定されてしまった。

では、マチュ・ピチュの正体はいったい……？　**現在、現代人の常識を超えるような二つの説が注目**を集めている。

マチュ・ピチュに暮らす人たちは、この「石組みの入口」から何を見たか

## 天体のサイクルを調べた？

ひとつ目は「**天体観測施設説**」である。

じつは、マチュ・ピチュには太陽に関連する遺跡が点在している。

たとえば、多くの神殿がある広場の南側に建っている「太陽の神殿」。これは東と南の方向にひとつずつ窓が設けられており、**東の窓からは冬至の日に朝日が、南の窓からは夏至の日に朝日が差し込む。**

また、「石臼《いしうす》」と呼ばれる円形の石の筒は、なかに水を張っておくと夏至や冬至の太陽の光に照らされ、「水鏡」のようになる。夜には月や星の軌道も確認できる。

さらに「インティワタ」と呼ばれる石柱は、四隅にある石が正確に東西南北を向いているため、「日時計」のような役割を果たす。

これらの太陽関連施設を用いれば、天体を観測して運行サイクルを把握することができる。

彼らは、それを農業や宗教儀式に活用していた可能性があるというのだ。

## 大洪水を避けるために?

もうひとつは、地球・先史文明研究家の浅川嘉富氏によって唱えられた「**洪水避難説**」だ。

浅川氏によると、マチュ・ピチュはインカ族が石組みを築いた一五世紀よりもはるか前、一万数千年前に避難都市として建設されたという。

その根拠となるのは、建造物の石組みである。

マチュ・ピチュには、数十トン超の巨石を使った建物がある一方で、小石を積み上げただけの粗雑な建物も混ざっている。その粗雑な建物は一五世紀にインカ族が築いたもので、巨石を用いた建物はインカ族よりも前に存在した〝別の集団〟が築いた可能性があるというのである。

浅川氏によると、アンデス山脈一帯で語り継がれる創世神話にマチュ・ピチュ創建の理由が語られているという。

かつてこの地には高度に発達した文明があったが、大洪水によって滅びてしまった。その後、生活に苦労する人々のもとへ「ビラコチャ」という創造神がやってきて、技術や文明を新たに授けたらしいのだ。

その**大洪水の襲来を予知して築かれた避難用都市がマチュ・ピチュ**だ、と浅川氏は推論する。もしくは大洪水のあと、水が引かずにいた低地を避けて新たに築かれた復興都市であった可能性もあるそうだ。

それから一万年以上が経過し、一五世紀にインカ族によって再び建物が築かれたわけである。まさに常識をくつがえす新仮説といえるだろう。

はたして標高二〇〇〇メートルを超えるところにまで冠水する大洪水などあるものなのか……。一説には地球に巨大すい星が衝突して大洪水が起きたともいわれているが、世界各地に残る〝大洪水伝説〟と合わせてみると、新発見があるかもしれない。

# 「万里の長城」の下に何が埋められているか

万里の長城（中国）



## "人類史上最大"の建造物

月からでもその姿が確認できるという噂もある「万里の長城」。中国が世界に誇る歴史的建造物だ。

世界中から観光客が押し寄せるその万里の長城の**総延長は、なんと日本列島の長さ（約三〇〇〇キロ）よりはるかに長い**（二〇一二年には、中国国家文物局が総延長を、これまで発表されていた八八五一・八キロより長い二万一一九六・一八キロに上るとの調査結果を明らかにした）。とてつもないスケールだ。

長城の歴史の始まりは、紀元前七世紀前後の春秋時代にさかのぼる。その後、戦国時代に秦《しん》、燕《えん》、趙《ちょう》などの国々が城壁を築き、国境の防衛ラインとした。

時代は下り、前二二一年に中国全土を統一した秦の始皇帝は、北方の異民族の侵入を防ぐために、各国によって築かれた城壁をつなぎ合わせる。

約2000年間にわたって築かれた万里の長城。国境を越えるとそこには……

その結果、数百キロに及ぶ長城が完成した。その後も歴代の王朝によって長城の建設が行なわれる。

もっとも盛んに新設・改修がなされたのは明《みん》の時代だ。

明はモンゴルの侵入に備えるため、一六〇〇年頃まで熱心に工事を続けた。現存する長城の大半はこの頃に築かれたものとされる。

モンゴルをはじめとする北方の異民族は、騎馬による機動力の高い攻撃を仕掛けてくる。

そこで歴代の王朝は平均八メートルに達する高い城壁を築き、要所に「関城」と呼ばれる防衛拠点を建設。さらに見張り台の望楼《ぼうろう》や兵士が駐屯する建物、狼煙《のろし》を上げる烽火台、銃眼の開いた垣なども整え、北からの脅威に備えたのである。

## 皇帝の権威を示すため!?

**自国の防衛を目的として、じつに約二〇〇〇年もの年月をかけてつくられた万里の長城。**建設にたずさわった人々の根気強さには恐れ入るが、ここでひとつ疑問が浮かぶのである。

たしかに長城は高く、そして長い。敵が侵入してくれば迎え撃つ用意がされていた。しかし、本当にこの城壁で敵を食い止めることができたのか。すべてに人員を配置し、目を届かせることができたのかというと、疑問符がつく。

実際、北方の異民族はしばしば長城を越えて中国国内に侵入してきた。歴代の皇帝たちは、長城が〝無用の長物〟になることをある程度覚悟していただろう。

にもかかわらず、長城の建設をやめようとしなかったのはなぜだったのか。

この謎について、多くの歴史家は国内外への示威行為の象徴だった可能性を主張している。

国外対策としての側面は、いうまでもなく北方の異民族に対するものだ。

長城を遠くから眺めると、あまりの壮大さに圧倒される。中国の歴代王朝は、そんな長城を異民族に見せつけることにより、国境を侵せば必ず討ち取るという意気込みを示したのではないかと考えている。

一方、国内対策としての側面は、支配下に置いている民衆に対して皇帝の権威を示すものである。

**長城の建設には多大な労働力を必要とし、秦の時代には何千万人もの人々が工事に駆り出された**と伝わる。労働条件は非常に過酷で、昼夜を問わず働かされ、飢えや寒さも重なって命を落とす人も少なくなかった。

逃亡を企てればもちろん処刑。些細なミスをしただけでも、見せしめのために殺される。**犠牲者は数百万人に及び、その死体は長城の下に埋められた**という。

こうして厳しい労役を強いることにより、歴代皇帝は自らの権威を知らしめようとしたとされる。

いずれの説が正しいのか、真相はわからない。しかし、人類史上最大の城壁である万里の長城が、中国の歴史に多大な影響を及ぼしたことはたしかな事実である。

# いまなお増え続ける「ナスカの地上絵」

## 七〇〇点以上に上る不思議な地上絵

人類史上最大級のミステリーのひとつともいえる「ナスカの地上絵」。南米ペルーの南海岸寄りに位置するナスカ平原とフマナ平原に描かれた巨大な「ハチドリ」の地上絵がとくに有名だが、その全貌はハチドリの絵だけにとどまらない。**数十メートルのものから数十キロメートルに及ぶものまで、なんと七〇〇点以上の地上絵が確認**されているのだ。

さらに現在も、新たな地上絵の発見が続いており、日本の山形大学の研究チームが、二〇一四年に一七点、翌一五年にも二四点発見して大きな話題を巻き起こした。

そもそもナスカの地上絵とは、紀元前二〇〇年から紀元後八〇〇年に古代ナスカ人が描いたとされるもので、一九九四年に世界遺産に登録された。

その種類はさまざまだが、大きく二つのグループに分けられる。

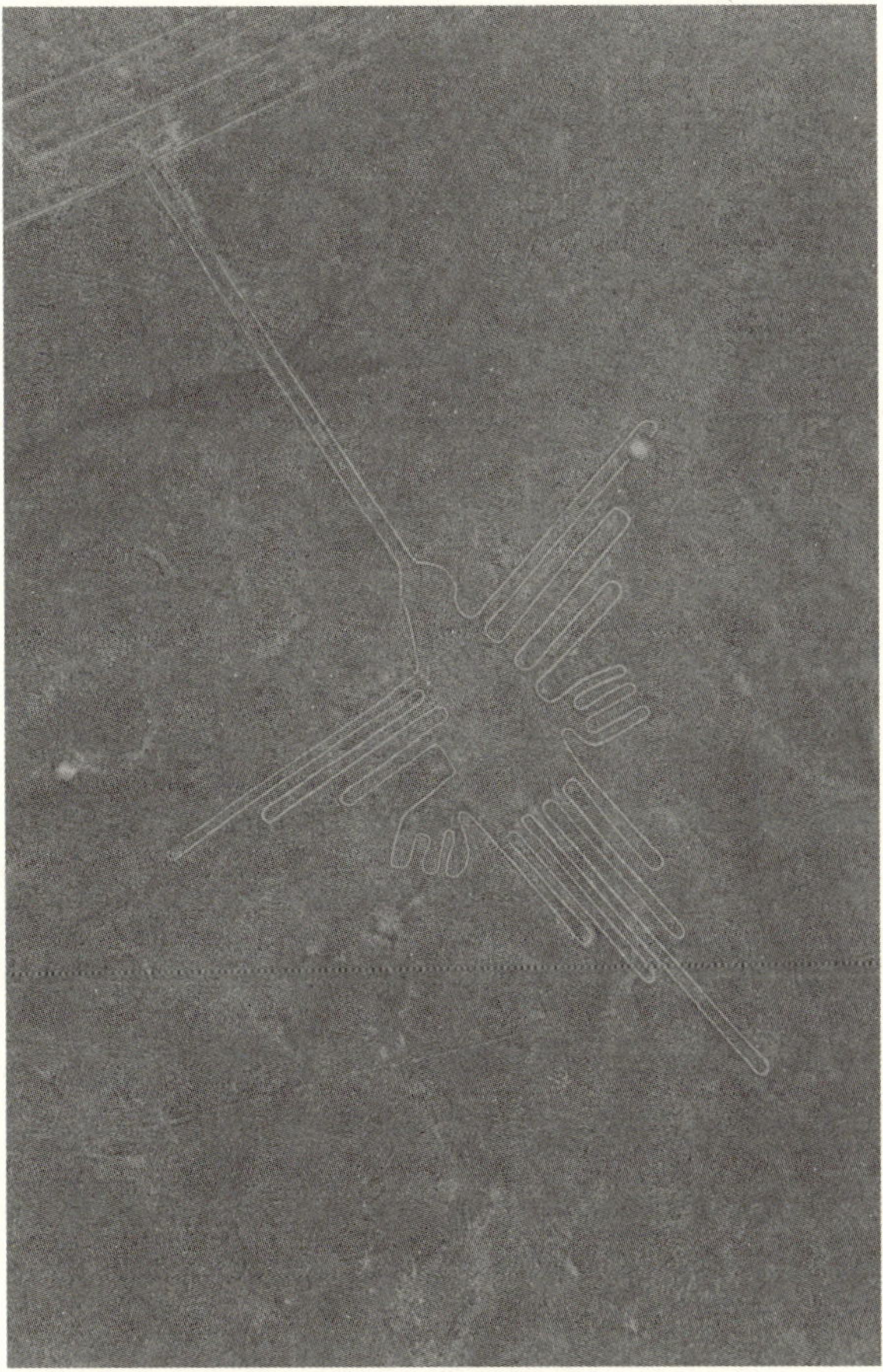

全長96メートルにおよぶナスカの地上絵（ハチドリ）。
上空から見ればわかるのだが……

ひとつめのグループは、動植物を描いたもの。ハチドリのほかにクモ、トカゲ、サル、イヌ、コンドルなどがあげられる。クモザルは全長一・五キロメートル以上もある一本の線で描かれており、長い尻尾が本物のサルとは逆の上向きに渦巻いている。

もうひとつのグループは、幾何学模様。無数の直線が放射状の線や渦巻きなどの図形を形成している。

## 超大作はどうやって描かれたのか

ここでひとつ疑問が浮かぶ。

地上絵は、アンデス山脈と太平洋にはさまれた約四五〇平方キロメートルのなかに点在している。大きなものになると、上空約一〇～五〇キロメートルの成層圏からですら全体像を把握できない。

地上絵が描かれた時代には当然、飛行機や気球などは存在しなかったのであるから、製作者は全体を確認できないまま描いたと思われる。

ただ、それにしては**円や曲線、平行線などが定規で計ったように正確に描かれているのだ**。古代ナスカ人は、いったいどのような方法で巨大な地上絵を描いたのか。

この謎についてドイツの考古学者マリア・ライヒェは、ロープと杭を使った拡大法

長い尻尾が特徴的なサルの地上絵。なぜ動物の絵柄が多いのか

で描いたのではないかと主張した。具体的には、紙に小さな下絵を描き、その中心に杭を打って基点を定め、ロープで等倍に拡大していくのだ。

この拡大法をもってしても超大作を描くのは難しいのだが、六世紀に切り出された木の杭が発掘されていることから、信憑性は高いと考えられている。

## 地上絵と星座の奇妙な関係

さらに、もうひとつ謎が残っている。古代ナスカ人は何のためにこんな巨大な地上絵をたくさん描いたのか、ということだ。

この謎に対して最初に唱えられたのが、「天文暦説」である。これは動物の地上絵を初めて発見したアメリカ人考古学者のポール・コソックが提唱したもので、先述の考古学者マリア・ライヒェによってさらに推し進められた。

それによると、**直線の地上絵の方向は太陽や星の出没の方角を向いており、動植物の地上絵が星座をかたどったように見える**という。またこの説の根拠として、先のハチドリの地上絵が夏至の時期の太陽の位置を、シャチの地上絵が夏至の日没の位置を示していることをあげた。

しかし、その後、すべての地上絵が天体の位置を示しているわけではなく、むしろ天体の出没地点を指す地上絵はほんの一部だということがわかったため、現在この天文暦説はほとんど支持されていない。

現在、もっとも有力視されているのは「豊穣儀礼説」だ。

## "雨"を祈った古代ナスカ人

地上絵が描かれているナスカ平原は、雨がほとんど降らない砂漠地帯に属している。地上絵が長い年月を越えて現在まで残っているのは、この気候のおかげでもある。

しかし、古代ナスカは農耕社会であり、農作物を育てるための大量の水が必要だった。そのため、**雨が降ることを望む何かしらの儀礼のために地上絵が描かれた**、というのが豊穣儀礼説のあらましである。そう考えると、地上絵に描かれた鳥の多くが水鳥や渡り鳥であることに納得がいくだろう。

幾何学模様についても、この解釈が通用する。巨大な線は付近の山に向かっている。山は水をもたらしてくれる存在である。そのため、水を望んで描かれたと考えられるのである。

さらには、動物の地上絵が星座を転写したものではないかという見方もあるが、それも「豊穣儀礼説」の裏づけになる。

古代ナスカ人は、現代の星座のとらえ方のように星と星を線でつなぐのではなく、天《あま》の川《がわ》の中の黒い部分、つまり星がない部分を動物の形とみて、それを地上に描いたとされる。

キツネやヘビ、リャマ（ラクダ科のほ乳類）などの星座は、動物の増殖や農作物の豊作、雨季の到来などに関係するとみられており、そうした星座が出現する時期は雨季である。そこから、やはり豊穣儀礼のために描かれたと考えられるというのだ。

それにしても、人知を超えた宇宙空間レベルで描かれたような地上絵の数々。古代ナスカ人の〝脳みそ〟は、いったいどうなっていたのだろうか。

34

# インドの白い遺産「タージ・マハル」の色が示す恐怖

タージ・マハル（インド）

## 愛妃のためにつくった美しすぎる〝墓〟

インド旅行者が必ずといってもよいほど訪れるのが、インドの代表的な世界遺産「タージ・マハル」である。

草花に彩られた庭園の奥にそびえ立つ、高さ五八メートル（ちなみに、日本の国会議事堂の中央塔の高さは約六五メートル）の左右対称のドーム建築はじつに見事で、イスラム芸術の至宝と称される。

**白大理石の壁には、翡翠《ひすい》やトルコ石、ルビー、サファイアなどの宝石を惜しげもなく使用した唐草模様**が施されており、豪華絢爛な建物であることがわかる。

こうした豪華なつくりを見ると宮殿やモスクだろうと思いきや、そうではない。タージ・マハルの正体は、なんとお墓。ムガル帝国第五代皇帝シャー・ジャハーンが第三夫人ムムターズ・マハルのために建てた墓廟《ぼびょう》なのである。

白亜のタージ・マハル。「白さ」にこだわった理由とは?

## 対岸につくるはずだった「黒いタージ・マハル」

皇帝はその第三夫人をとりわけ愛しており、戦地へ赴《おもむ》くときにも同行させていたという。南インドのデカン高原への遠征にも夫人を帯同。このとき夫人は滞在先のブルハーンプル城で懐妊したが、それまでに何度も遠征先で出産していたため、大きな不安はなかった。

ところが、三七歳になっていた夫人は、出産の翌日に息を引き取ってしまう。

一説によると、出産直前にお腹の子が泣き叫ぶ声を聞いた夫人は、夫を呼び、「お腹の子が泣き叫ぶのを聞いた母親は必ず死ぬといういい伝えを信じています。(略)私の名をいつまでもこの世に伝え残す墓をつくっていただきたい」といい残し、息絶えたという。

皇帝は、夫人の遺言を受け、イスラム世界各地から一流の技術者を集めて墓廟の建設に当たらせた。

イラン人建築家が、国内外から召集されていた数千人にもおよぶ工匠や装飾、モザイク、大理石などの職人を指揮し、工事を進めた。また、スリランカからサファイア、中国から翡翠、アフガニスタンからラピス・ラズリ(瑠璃《るり》)など、各国で採れる最高の宝石も集められた。

そして、**着工から二二年の歳月をかけて、ようやく完成**する。イスラム建築の最高傑作の誕生である。

しかし、皇帝はこの地に白亜のタージ・マハルだけでなく、〝黒い廟〟を建設するつもりだったといわれている。

それはいったい、誰のための廟だったのだろうか。

皇帝はタージ・マハルを建てたあとに黒い廟の建設をいい出した。建設予定地は川を挟んだ対岸。

つまり、**白いタージ・マハルと向き合う形で黒大理石を使った廟を造営しようとした**。それはほかでもない。自身が入るためだったのである。

しかし、タージ・マハルの建設によって国庫は逼迫《ひっぱく》しており、二つ目の廟などとてもできる状況ではなかった。皇帝の計画は、彼の跡を継いだ息子によって阻止された。しかも彼は息子に捕らえられ、幽閉されてしまったのだ。

幽閉場所のアーグラ城は、皮肉にも黒い廟の建設予定地のすぐ近くで、彼は対岸に見えるタージ・マハルを見ては、日夜涙を流していたという。

「黒いタージ・マハル」は、皇帝の愛と熱情が生もうとした幻の廟だったのである。

# 二一 世紀の最先端技術が見つけた「ピラミッド」内部の秘密

メンフィスとその墓地遺跡(エジプト)

## 誰が? 何のために?

「世界一有名な世界遺産は?」と聞かれて、エジプトのピラミッドを思い浮かべる人は多いだろう。

エジプトの首都カイロの近郊、ナイル川の西岸に位置するメンフィスには、紀元前二六五〇年頃から前二一二〇年頃まで栄えた古代エジプト古王国時代のファラオ(王)たちのピラミッドが約三〇並んでおり、一九七九年に世界遺産の登録がなされた。

もっとも有名なのはギザの三大ピラミッドだ。

とくに**クフ王のピラミッドは底面二三〇メートル四方、高さ一四七メートル、石材数推定二八〇万個というスケール(東京ドームよりも面積が広く、その高さは二倍以上)**を誇り、世界のピラミッド建築の最高峰とされている。

なぜこうした巨大なピラミッドがつくられたのか――。

人類の歴史上、最大の謎ともいえるようなこの難問について、王墓説、王の権威を示すモニュメント説、穀物貯蔵庫説、公共事業説など多くの説が飛び交っているが、どれも立証されていない。

そうしたなか近年、とくに注目されている説といえば、「神殿説」である。しかも、超重要な新発見があったのだ。

## 最先端の「透視技術」で新発見！

クフ王のピラミッドの方位や長さは、天体の指標と奇妙な符合をみせる。ピラミッドの四辺が東西南北に対応しており、その誤差はわずか。

さらに、**ピラミッド各部の寸法が地球の直径や円周、重量、太陽年（太陽が春分点を通過して、再び春分点に帰る）日数、地球と太陽間の距離などと対応**していたり、底面の一辺の長さの和を高さの二倍で割ると円周率と同じ値になるといったこともある。

神がかり的なハイレベル技術。

こうしたことから、王が天上の別世界に移行するための神殿ではないか、と考えられるのである。

現段階では推測でしかないが、世界各国の考古学者が従来の学説をくつがえすべく、研究と調査を続けている。

そうしたなか、二〇一七年に日本の名古屋大学などを含む国際研究チームが重要な新発見をした。

最先端の「ミュオグラフィ」という透視技術によって、内部に途方もない巨大空間を見つけたのだ。

全長三〇メートル以上。

**二〇〇人が乗れるほどの旅客機に匹敵するスペース**である。

## 建造目的が不明な内部空間

じつは、クフ王のピラミッドには、巨大な空間がほかにも存在している。「王の間」「女王の間」「大回廊」などで、それらは一〇〇年以上前から知られていた。

しかし、今回発見された巨大空間は、規模も場所もまったく想定外のものだったため、多くの関係者を驚かせることになったのだ。

何の目的でつくられたのだろうか。

重量の圧力を拡散するための空間ではないか、建築コストを下げるために瓦礫《がれき》や砂

## ■クフ王のピラミッドの内部構造

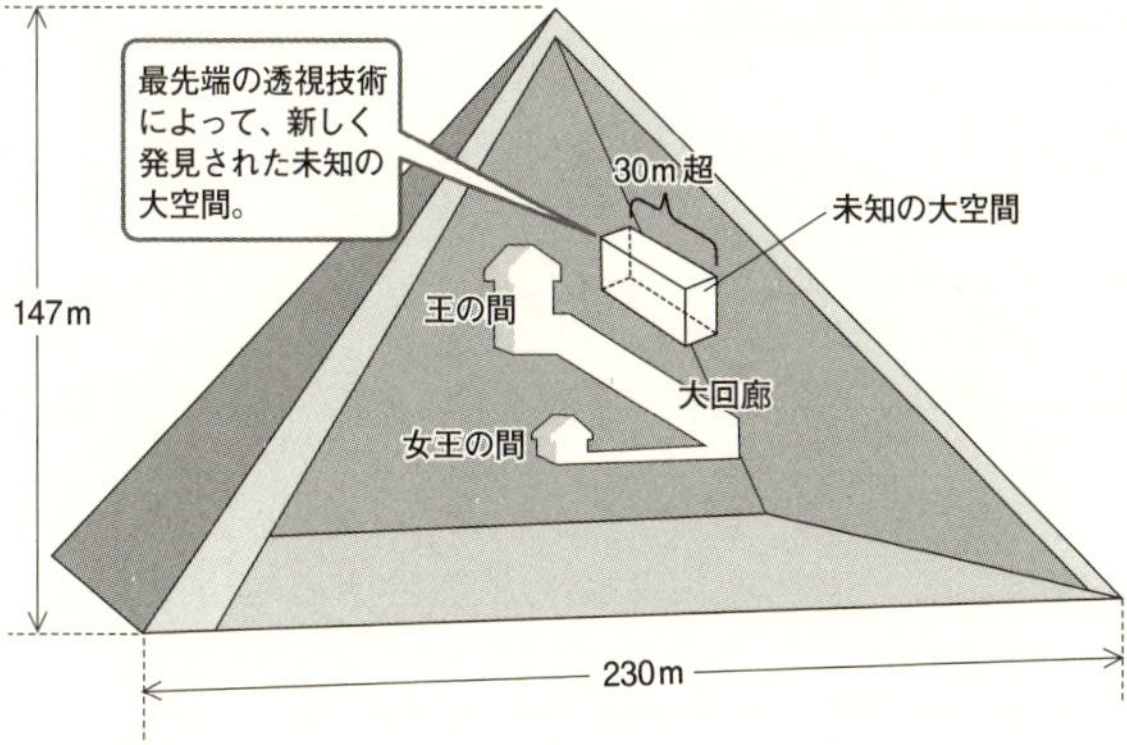


などの充填材《じゅうてんざい》を入れる空間に違いない、といった意見が唱えられた。

また、**ここが本当の「王の間」ではないか**という説もある。

従来の王の間の天井には、ヒビが入っている。

これがピラミッドの建設中に発見されたため、安全性を考慮して別に王の間を設け、それが今回見つかった巨大空間ではないか、というのである。

従来の王の間には空の石棺がひとつ置かれているだけで、肝心のクフ王の姿（ミイラ）はない。

巨大空間からミイラが見つかれば、ここが本当の王の間となるのだ。

## 日本の世界遺産第一号「法隆寺」に込められた〝聖徳太子の怨念〟

法隆寺地域の仏教建造物（日本）



### 日本屈指のパワースポット

日本にも数多くの世界遺産が存在するが、日本初のひとつといえば、奈良「法隆寺」だ。

近年は、修学旅行生や外国人観光客だけでなく、強力なパワースポットとしても人気を集めている。

その法隆寺をつくったとされるのが、ご存じ聖徳太子。最近は実在の人物か否かで議論を呼んでいるが、法隆寺は、その太子が仏教の普及のために六〇七（推古一五）年に創建したと伝わる。

一八万七〇〇〇平方メートルという、東京ドーム約四個分にも及ぶ広さがあり、西院伽藍《がらん》と東院伽藍に分かれている。西院伽藍には、五重塔をはじめ金堂や南大門などが建っており、それらは現存する世界最古級の木造建築物とされる。

法隆寺の金堂と五重塔――俗にいわれる「七不思議」を超える謎が!?

一方、東院伽藍には夢殿や伝法堂などが立つ。

いずれも仏教建築の変遷をたどる上で学術的価値が高く、一九九三(平成五)年に「法隆寺地域の仏教建造物」として世界遺産に登録された。

## 秘められた数々の「不思議」

その法隆寺には、「七不思議」が伝えられている。

**①南大門の前の鯛石、②五重塔の鎌、③三つの伏蔵《ふくぞう》、④汗をかく礼盤《らいばん》、⑤雨だれ、⑥蜘蛛《くも》の巣、⑦片目の蛙《かえる》**の七つだ。

ひとつずつ紹介すると、

①洪水を止めるといわれる奇妙な石

②五重塔の先端についている四本の鎌のことで、塔を落雷から守る
③通常はひとつしか設置されないのに、法隆寺にはなぜか三つも存在する。しかも開けてはいけない決まりになっているため、何が入っているかわからない
④僧侶の座る石がいつも湿っている
⑤多くの寺院の庭は雨だれによって穴だらけだが、法隆寺の庭には見られない
⑥蜘蛛がなぜか巣をかけない
⑦法隆寺の蛙には片目がない

といわれている。

そしてじつは、この**七不思議を超える謎が存在**する。

一般的に飛鳥・奈良時代の寺院の正門は、間口が奇数（三間か五間）でつくられるのだが、法隆寺の正門にあたる南大門は偶数（四間）になっている。

しかも、**真ん中に大きな柱が立てられる**ようになっており、実際に立っていたとすれば、訪れる人は境内へ入ることを拒まれているような圧迫感を感じるだろう。

いったいなぜ、こうしたつくりになっているのか。謎の答えを探るには、法隆寺が歩んだ歴史を振り返る必要がある。

法隆寺の南大門。異例の偶数間（四間）となっている

## 死者が相次ぎ……

あまり知られていないが、現在の法隆寺の伽藍は聖徳太子が建てたものではない。聖徳太子は現在の東院伽藍の位置に斑鳩宮《いかるがのみや》を、西院伽藍の南に斑鳩寺を建てた。

しかし『日本書紀』によると、六七〇（天智九）年に大きな火災が起こり、それらは全焼してしまった。

つまり、現在見ることができる法隆寺は再建されたもので、聖徳太子が建てたオリジナルではない。

聖徳太子は六二二（推古三〇）年にすでに没しており、その後、残された一族も六四三（皇極天皇二）年に蘇我氏との権力闘争に敗れ、斑鳩宮にて自刃していた。

では、現存する法隆寺は、なぜ再建されたのだろうか。

これについて、哲学者・梅原猛氏の興味深い仮説がある。**法隆寺は聖徳太子の怨霊を鎮めるために再建**されたというのだ（『隠された十字架』新潮社）。

七三七（天平九）年、藤原不比等《ふひと》の四人の子どもが相次いで亡くなるという事件が起きた。聖徳太子の一族の怨霊の仕業に違いないと恐れた藤原氏は、それを鎮めるために法隆寺を再建することにしたという。

**法隆寺の南大門の真ん中に柱を立てられるようにしたのも怨霊封じのひとつ**で、怨霊が寺の外に出ないよう、通路をさまたげるような構造にしたのだろうと梅原氏は推測している。

## グルグル巻きにされた観音菩薩像

法隆寺が聖徳太子一族の怨霊封じの寺であるということを示す証拠は、もうひとつある。夢殿にまつられている国宝の救世《くせ》観音である。

なんと一〇〇〇年以上もの間、誰も見ることのできない〝秘仏〟とされてきたが、明治時代に美術史家のフェノロサが開扉した。

このとき、夢殿に踏み込んだフェノロサが目にした**仏像は、経文が記された白布で**

救世観音がある法隆寺の夢殿。聖徳太子の怨霊との関係は!?

**グルグル巻きになった異様な姿**だったのだ。

また、その顔は一般的な観音像とは異なり、鼻や輪郭などが生きた人間のようにふっくらとしている。

それもそのはず、この像は聖徳太子を模してつくられたといわれているのだ。このことについては法隆寺も、「聖徳太子の等身像と伝えられる」という表現で公式に認めている。

経文の書かれた白い布で巻かれていた聖徳太子の等身像——。これには太子一族の怨霊を封じ込めるという意味合いを感じざるを得ない。

美しい法隆寺の裏には、恐ろしいドラマが隠されているのだろうか。

# カトリックの総本山「バチカン」と〝悪魔祓い師〟

バチカン市国（バチカン）

## エクソシストは実在した！

科学技術の発達により世の中は大きく進歩してきているが、それでも解明できない不可思議なことは多い。

たとえば、「天使」と「悪魔」。キリスト教の宗教絵画などでは、古来よく描かれてきた。多くの人はどこか空想上の存在として見ているだろう。

とはいえ、現代でも物語や映画にしばしば登場する。いまだ根強いファンの多い、一九七三年公開の映画『エクソシスト』は、少女に取り憑《つ》いた悪魔と神父との壮絶な戦いが描かれている。当時、ホラー映画にもかかわらずアメリカで年間興行収入一位、さらにアカデミー賞（脚色賞・音響賞）も受賞した。

この「エクソシスト」とは、人間や建物などに取り憑いた悪魔を祈禱《きとう》の力で祓《はら》う、悪魔祓い師を意味する。

カトリックの総本山バチカンがいまもエクソシストを育てている?

じつは、この**エクソシストは実在し、いまでも密かに養成されているという。**

いったいどこで? なんとキリスト教カトリックの総本山「バチカン市国」である。

## 「悪霊の見分け方」とは

バチカン市国は、イタリア半島中部の首都ローマにある。ローマ市街に囲まれ、わずか〇・四四平方キロメートルの面積しかない。東京ディズニーランドよりも小さな世界最小国家だ。

もとはキリストの弟子である使徒ペテロの墓で、四世紀にローマ皇帝のコンスタンティヌス一世が教会堂を建設すると、教皇庁が置かれることになり、一六世紀以降、ラファエロ、ミケランジェロら著名な芸術家たちによって、教皇宮殿やシスティーナ礼拝堂、サン・ピエトロ大聖堂など芸術建築の傑作がつくられた。バチカン市国は全体が世界遺産に登録されている。

ところで、エクソシストの養成は、ローマ郊外にある教皇庁立レジーナ・アポストロールム大学で行なわれている。そこに「キリストの軍団」と呼ばれる信心会が二〇〇五年から開いているエクソシスト養成講座が設けられている。

当初は司祭《しさい》しか受講できなかったが、二〇一〇年から一般人の参加が認められるようになった。なかには、遠隔地からテレビ電話を通じて受講する者もいるという。

気になるその講義内容は、**悪魔に関する教会の教えの基礎から、悪霊の見分け方、現役エクソシストの体験談、若者文化と悪魔崇拝の実態に加え、バランスのとれた知識をつけるために精神科学や心理学**なども含まれる。一カ月強という短期間のみ開かれ、かつ実地訓練なしの講義形式であるため、エクソシストになるための知識を身につける入門的な講座といえるだろう。

## キリストは初代エクソシスト!?

大学でエクソシストが育てられているなど、まるで人に取り憑く悪魔が実際に存在することを前提としたような話である。もともと、カトリック教会では悪魔を実在するものとみなしており、悪魔祓いを「善なる意思と邪悪なる意思との戦い」と定義して、正式な教義と認めている。

カトリック教会によると、悪魔と戦った最初のエクソシストはイエス・キリストだという。『新約聖書』には、キリストが悪霊に憑かれて暴れる男から悪霊を引き離し、豚の群れに憑依《ひょうい》させて海へ飛び込ませたエピソードが書かれている。エクソシストとしてデビューしたキリストは、自らの名において悪魔祓いを行なう権能を弟子たちに与えた。それが歴代の神父や司祭に引き継がれて現在に至っている。

エクソシストは、まさにキリスト以来の存在といえる。それにしても、なぜ現代になって、一般人向けの講座が開かれるようになったのだろう。

じつは近年、ヨーロッパで悪魔憑きが急増している。テロリズムや環境問題、金融バブルの崩壊、経済格差など社会的不安の増大を背景として、**二〇〇〇年代以降、ヨーロッパ各地で悪魔憑きの症例が急激に増えている。**それに伴い、教会に無許可での悪魔祓いや、民間の自称エクソシストがあらわれたため、カトリック教会は正統な悪魔祓いを周知させる必要に迫られ、養成講座が開かれるようになったというわけだ。

イエス・キリスト以来、二〇〇〇年以上の伝統を持つエクソシスト。今日もヨーロッパでは、急増する悪魔憑きに対し、日夜戦っているのだ。

# 2章

エルサレム、北京原人、敦煌文書……

# 世界遺産に登録されたのに、なぜ？

# 稀代の悪女・西太后が「紫禁城」でやっていたこと

北京と瀋陽の明・清朝の皇宮群（中国）

## 中国の壮大な歴史の舞台として

「万里の長城」（24ページ参照）とならぶ中国の歴史的遺産といえば、首都・北京にある「紫禁城」（現・故宮博物院）を思い浮かべる方も多いだろう。

明と清の二四代にわたる皇帝が暮らしていたこの建造物は、一九八七年に世界遺産に登録されている。

その後、北京から七〇〇キロ近く離れた（東京から岡山までの距離に匹敵）瀋陽《しんよう》にある、清の初代皇帝ヌルハチと二代皇帝ホンタイジによって建立された「瀋陽故宮」が二〇〇四年に世界遺産に登録され、現在は、「北京と瀋陽の明・清朝の皇宮群」として世界遺産になっている。

紫禁城は、明の三代皇帝の永楽帝が、一四〇六年から約一五年の歳月をかけて建立した。

故宮博物院が「紫禁城」だった時代の血塗られた事件とは

それ以降、一九二四年に清の最後の皇帝である溥儀《ふぎ》が追われるまで、**約五〇〇年にわたり、中国の政治の中枢**であり続けた。

この紫禁城の「紫」は天帝の住む北極星を意味する「紫微垣《しびえん》」に由来し、「禁」は一般の人々の出入りを禁じていたことに由来する。

その大きさは南北の長さ九六一メートル、東西七五三メートル、総面積七二万平方メートル（ちなみに、日本の皇居は約一一五万平方メートル）。

全部で六つある門のうち南に位置するのが天安門で、その前の天安門広場では歴史的事件がなんども繰り広げられた。

この世界最大規模の宮殿では、明・清両王朝を合わせて二四人の皇帝が君臨したが、なかには皇帝をしのぐほど大きな権力を握っていた人物もいた。西太后《せいたいこう》である。

西太后は一九世紀後半、清朝末期に同治帝《どうち》・光緒帝《こうしょ》の摂政として活躍した権力者。政争において何人ものライバルを闇に葬ったとされ、呂后《りょこう》、則天武后《そくてんぶこう》らとともに**「中国三大悪女」**の一人に数えられている。**彼女には数々の暗殺疑惑があるのだ。**

## 西太后サイドから贈られた餅を食べて急死!?

もともと西太后は、清の九代皇帝・咸豊帝《かんぽう》の後宮だった。

しかし、正妻の東太后に子がなかったため、西太后が産んだ同治帝が一〇代皇帝に即位し（このとき皇太后となったことから西太后と呼ばれる）、東太后とともに摂政を務めることになった。

立場は東太后のほうが上だったが、実権を握ったのは西太后だった。教養豊かで弁が立つ西太后は、早々と宮廷内を掌握。次第に地位を高めていった。

そうしたなか、東太后が四五歳で急死する。

当時、西太后との仲は決してよいとはいえなかったが、東太后は先帝の遺志に報いるためにも仲よくしようとしていた。

そして病に臥《ふ》せっていた西太后の見舞いに訪れたのだが、その数日後、東太后は西

中国三大悪女とされる西太后。紫禁城の暗闇でいったい何を

太后の宦官《かんがん》から贈られた餅を食べて苦しみはじめ、そのままこの世を去ってしまうのだ。

あまりに突然の死であったため、側近らは亡くなったのは病を患っていた西太后のほうだと勘違いしたという。

## 皇帝をロボットのように

西太后は息子の同治帝が一八歳の若さで亡くなると、妹の息子である光緒帝を強引に即位させた。

ところが、即位時の光緒帝はわずか四歳だった。当然、皇帝の政務を執れるはずはなく、西太后が摂政として実権を握った。

一八歳になってようやく親政を開始した光緒帝は、やがて西太后に反発しはじめ、二人の仲に亀裂が入る。

まず一八九四年、日清戦争が勃発した際には光緒帝が主戦派を支持し、戦争に消極的だった西太后と対立した。

さらに日清戦争後の一八九八年、光緒帝が日本の明治維新を手本に近代化を進めようとすると、西太后は大反対。ついに堪忍袋の緒を切らした西太后は、光緒帝を失脚させ、紫禁城内に幽閉してしまうのである（戊戌《ぼじゅつ》の変法）。

その後、光緒帝は完全に西太后のロボットと化す。やがて神経衰弱となり、三八歳で亡くなったとされる。

この死にも西太后の関与が疑われているのだ。

## 前日まで元気だった皇帝の突然の死

光緒帝の死が迫っていた頃、西太后も病を患っており、自ら死期が近いと感じていた。当時の西太后の心配事は、自分が死んだあとに光緒帝が権力を取り戻して清の改革に乗り出すのではないかということだった。

そうしたなか、光緒帝が西太后の病状を知って大いに喜んでいたと伝え聞くと、**西太后は「あれより先には死ねぬ」といい放った**という。

実際、光緒帝は一九〇八年一〇月二一日に死に、その翌日の一〇月二二日に西太后も七二年の生涯を閉じた。いまわの際で光緒帝が崩御したと聞いた西太后は、溥儀を後継者に指名したあと、この世を去ったのである。

**あまりにもタイミングがよすぎた光緒帝の死。**その死因は、本当に神経衰弱によるものだったのか、それとも何らかの意思が働いていたのか……。

光緒帝の跡を継いで皇帝となった溥儀がのちに発表した書籍『わが半生』には、「光緒帝は前日まで大変元気だったが、権力の簒奪《さんだつ》を目論《もくろ》む政治家・袁世凱《えんせいがい》が送った薬を一服飲んだ後、とたんにおかしくなった」と記されている。

稀代の悪女として語り継がれる西太后の実像はどうだったのか。今後も多くの憶測を呼ぶことだろう。

# 世界三大美術館「エルミタージュ美術館」は暗殺の館だった!?

サンクト・ペテルブルグ歴史地区と関連建造物群（ロシア）



## 女帝エカテリーナのために

パリのルーヴル美術館（114ページ参照）、ニューヨークのメトロポリタン美術館と並ぶ〝世界三大美術館〟のひとつが、ロシア西部、バルト海沿岸に位置するサンクト・ペテルブルグにある。「エルミタージュ美術館」だ。ダ・ヴィンチやルーベンスなど世界的名画を多数収蔵しており、常に多くの観光客であふれている。

サンクト・ペテルブルグは、街中に運河や何百もの橋が張り巡らされていることから、「北のヴェニス（ヴェネツィア）」とも称される美しい都市である。

市内中心部にはペトロパヴロフスク要塞などが立ち並ぶ歴史地区があり、近郊のピョートル宮殿、エルミタージュ美術館などとともに世界遺産に登録されている。

総床面積四万六〇〇〇平方メートル、**コレクション数三〇〇万点を誇るエルミタージュ美術館は、部屋数はなんと一〇〇〇部屋以上。**

エカテリーナと皇帝や愛人たちの愛憎が渦巻いた冬宮殿（現エルミタージュ美術館）

もとはロマノフ家の歴代皇帝が住んだ冬の宮殿だったが、女帝エカテリーナ二世が一七六四年に別館を立てて私的画廊としたことにより、美術館としての歴史が始まった。

## 最悪の結婚生活

このエカテリーナ二世には、**黒い噂がつきまとう。夫のピョートル三世を暗殺した可能性がある**というのだ。

なぜそうした噂がささやかれるようになったのかというと、皇帝に就任するまでの動きに不審な点がみられるからである。

エカテリーナはロシア人の血が一滴も混じっていないドイツの下級貴族の生まれで、母方がロマノフ家の遠戚であるという関係から、皇太子ピョートル三世の妃となった。不慣れなロシアの地であったが、エカテリーナはロシア語はもちろん、ロシアの歴史や宗教、政治なども一所懸命に学んだため、周囲からは上々の評価を得ていた。

一方、夫のピョートル三世は愚昧《ぐまい》であった。たとえば、プロイセンとの戦争で勝利を目前にして和睦して占領した都市を返し、さらに賠償金も要求しないといった愚策をとったため、宮廷や国民の不満は増大した。

また、二人の夫婦生活は最悪で、ピョートル三世はエカテリーナを離宮に幽閉したうえ、愛人を宮廷に連れ込んで享楽におぼれていた。

そんな愚帝に対して、反対勢力がクーデターを起こす。ピョートル三世の即位から半年後、宮廷内の近衛兵が決起したのである。

このクーデターの背後にいたのが、何を隠そうエカテリーナだった。彼女は愛人のグレゴリー・オルロフ伯爵、彼の兄弟にあたる近衛兵のアレクセイらと反乱を計画。下士官や兵士に慕われていたオルロフ兄弟が多くの近衛兵を引き連れてクーデターを決行すると、ピョートル三世は抵抗するそぶりもみせず、捕らえられた。無血クーデターの成功である。

## 不自然すぎる前皇帝の謎の死

一七六二年七月、エカテリーナが帝位につき、新体制がスタートする。退位宣言に署名したピョートル三世は、蟄居《ちっきょ》生活を送ることになったが、わずか数日後の七月六日に思いがけない事態が生じる。

なんと急死してしまったのだ。

一部始終の目撃者である先の近衛兵アレクセイによると、ピョートル三世は酔った勢いで食事中に同席者とケンカをしはじめ、相手につかみかかったとたんに意識を失い、そのまま息絶えたという。このアレクセイの報告を受け、エカテリーナはピョートル三世は病死したと発表した。

しかし状況を考えると、アレクセイによって**暗殺された可能性が高い。もちろん、エカテリーナもそれを承知していたはず**だろう。

美術館創設の際、「絵を見ているのは私とネズミだけ」（自分とネズミだけが名画を鑑賞できる、という意味）との言葉を残したエカテリーナ。彼女の恐るべき野心がエルミタージュ美術館を生んだのかもしれない。

64

# エルサレム「聖墳墓教会」に封印されているもの

エルサレムの旧市街とその城壁群（イスラエル・パレスチナ）

## 三つの宗教の聖地として

世界三大宗教といわれる**キリスト教、イスラム教、ユダヤ教**（ユダヤ教ではなく仏教を入れることもある）。それら**三つの宗教の聖地が同居**する珍しい都市が「エルサレム」である。

一キロ四方の城壁に囲まれた旧市街は、「キリスト教徒地区」「イスラム教徒地区」「ユダヤ教徒地区」「アルメニア人地区」の四つに分割されており、キリスト教徒地区には「聖墳墓教会」、イスラム教徒地区には「岩のドーム」「アル・アクサー・モスク」、ユダヤ教徒地区には「神殿の丘」「嘆きの壁」といった具合に、各宗教にとって極めて重要な場所がある。

その複雑さゆえ古くから争いが絶えず、現在もユダヤ教徒が多数派のイスラエルと、イスラム教徒が多数派のパレスチナ自治政府との間で紛争が続く。

■エルサレムの旧市街

この教会にイエス・キリストと伝わる墓がある
エレミアの洞窟
ヘロデ門
ダマスカス門
イスラム教徒地区
ライオン門
鞭打ち教会
アントニアの塔
新門
キリスト教徒地区
黄金門
ヴィア・ドロローサ
(苦難の道)
神殿の丘
岩のドーム
聖墳墓教会
水盤
既舎跡
嘆きの壁
ヤッフォ門
城砦
ユダヤ教徒地区
ヘロデの宮殿跡
アル・アクサー・モスク
糞門
聖ヤコブ教会
アルメニア人地区
ギホンの泉
シオンの門
オフェルの丘
ダビデの墓
シオンの丘

では、なぜ異なる三つの宗教の聖地が同じ都市に存在するのか。

## 「信仰の中心地」となる理由とは

まずユダヤ教では、エルサレムは『旧約聖書』に登場するイスラエルの民の祖アブラハムが、息子イサクを信仰の証《あかし》として神に捧げようとしたモリヤの地だとしている。**紀元前一〇〇〇年頃、ダヴィデ王によってエルサレムがつくられる**と、まもなくソロモン神殿が建ち、七〇年にローマ軍に破壊されるまで信仰の中心地であり続けた。現在、多くのユダヤ教徒が祈りを捧げる嘆きの壁は、その神殿の城壁の跡と伝わる。

次にイスラム教では、預言者ムハンマドがアラーの啓示を受けて天界へ旅立った地とされ、六九二年、その伝承の地に金色に輝く岩のドームを建てて聖地とした。

そしてキリスト教では、エルサレムを**救世主イエス・キリストの死と復活にかかわる地**としている。

イエスはユダヤ教の指導者と敵対し、弟子であったユダに裏切られて逮捕される。裁判の結果は磔刑《たっけい》。三〇年頃、イエスはゴルゴタの丘で十字架にかけられ処刑されたが、丘の近くの石切り場を開いてつくった墓所で復活をはたす。

その後、二世紀にローマ皇帝ハドリアヌスによってエルサレムが破壊されると、ゴルゴタの丘と墓所がどこにあったかわからなくなってしまう。しかし、三二六年にローマ皇帝コンスタンティヌスの母ヘレナがそれらを探し出し、跡地に聖墳墓教会を建てたとされる。

その聖墳墓教会が昨今、世界中の注目を集めることとなった。**教会内のイエスの墓の封印が数世紀ぶりに解かれた**からである。

## それはキリストの墓なのか

聖墳墓教会にあるイエスの墓は洞窟の壁を削ってつくられており、「石墓」と呼ばれている。多くのキリスト教徒はこれを本物だと信じてきたが、科学的な調査がなされることはなく、真偽を疑う声もあがっていた。そうしたなか、二〇一六年に修復工事が行なわれ、初めて実態が明らかになった。

表面は窃盗防止のためか、大理石の覆いがなされていた。大理石の下にもう一枚の大理石が置かれていて、そのさらに下から石墓がみつかった。

表面はほとんど無傷で、あまりにきれいなことから、教会の建設当時から動かされていない可能性が高いとわかった。

では、ここに埋葬されているのは、本当にイエスなのだろうか。

そもそも石墓がイエスの墓だという根拠は、『新約聖書』のなかの福音書にある。

イエスが亡くなってから数十年後に書かれたとみられる福音書によると、**イエスは岩を削ってつくった墓に埋葬された**という。じつはこれは、古代における裕福なユダヤ人の埋葬法で、石墓の状況とよく似ている。

また、当時のユダヤ人の社会では、城壁内に死者を埋葬することを禁じていた。福音書にもイエスの墓はゴルゴタの丘の近く、エルサレムの城壁の外に位置しており、この点も石墓がおかれた状況とつじつまがあう（現在、石墓は城壁内の旧市街に位置しているが、当時は城壁外にあった）。

こうしたことから、イエスの墓の真偽が少しずつ見えてきた。しかし、この先の調査はいつになるかまだわからない。

現在、聖墳墓教会はキリスト教の六つの教派によって管理されている。もちろんイエスの墓とされる石墓もだ。そのため、修復作業や調査をするには六派すべての同意が必要で、なかなか実現には至らない。聖人の墓を調べるなど、そうそうできることではないのである。

二〇一六年は貴重な機会だったわけだが、次はいつ石墓の封印が解かれるのかまだわからない。イエスの墓の真偽に決着がつく日は、まだまだ先になりそうだ。

エルサレム聖墳墓教会の石墓。本当にイエス・キリストが眠っているのか

# ジャングルの奥地に放置され続けた「世界最大級寺院」

ボロブドゥール寺院遺跡群(インドネシア)

## うずもれていた「仏の世界」

インドネシア・ジャワ島中部の密林のなかに、突如あらわれる世界遺産がある。世界最大級の仏教寺院「ボロブドゥール寺院」である。

一辺が一二三メートル、高さは約三三メートルというスケール(ちなみに、東京の築地本願寺は横幅約八七メートル、高さ約三四メートル)。この最大級寺院は、日本のお寺とはまったく異なり、基壇の上に五層の方形の壇、さらに三層の円形壇を積み重ね、頂上に仏塔を立てたピラミッド型をしている。

装飾の華やかさも印象的だ。

方形の壇にめぐらされた回廊には、数多くの仏典や装飾のレリーフがあり、釈迦を中心とした物語が描かれている。

**建物の構造は天界、人界、地下界の「三界」をあらわした曼荼羅《まんだら》**になっており、レ

インドネシア・ジャワ島の密林に突如あらわれる巨大なボロブドゥール寺院

リーフの物語をたどりながら仏塔へと進んでいくと、仏教の開祖である釈迦の生誕から教えまでを学ぶことができる。この寺院は見た目だけでなく、実際に仏教を体験することもできる建物なのだ。

一九九一年に、周辺のパオン寺院、ムンドゥッ寺院とともに「ボロブドゥール寺院遺跡群」として世界遺産に登録された。

ジャワ島では古くからヒンドゥー教やバラモン教が信仰されており、八世紀以降、ヒンドゥー国マタラムが栄えた。

しかし、仏教国シャイレンドラが興るとマタラムは七九〇年頃に追放されたのだ。

ボロブドゥール寺院はそうした時代背景のもとで建てられ、ヒンドゥー教のシヴァ寺院から仏教寺院に姿を変えたと考えられる。

だがその後、シャイレンドラが衰退すると、人々の記憶から忘れられ、歴史から消え去ってしまう。**再び姿をあらわすのは、なんと約一〇〇〇年後。**

一八一四年、発掘調査が行なわれ、ようやく発見されたのだ。大半は土に埋もれていたという。

## あえて「未完成」とした意味は？

その後、少しずつ発掘が進み、一九七三年から大規模な修復が行なわれた。その際、**中心部に建つ仏塔のなかから謎の仏像が発見**され、大きな話題になった。

ボロブドゥール寺院には五〇四体の等身大の仏像があるが、この仏像は完成していないように見える。

のちに「アンフィニッシュド・ブッダ（未完成のブッダ）」と呼ばれるようになり、現在は歴史公園内の資料館に展示されている。

なぜ**一体だけ、未完成のままの状態で仏塔のなかに安置した**のだろうか。

その理由については、「修行の永続性」を表現しようとしたのではないかとする説がある。

1000年、土に埋もれていた仏像は何を語っているのか（写真Gunkarta）

先に述べたように、ボロブドゥール寺院は悟りへの道を体験できるつくりになっているが、悟りに行き着くと満足してしまいかねない。
そこで最後に未完成の仏像を見せることで、修行に終わりはない、生涯続いていくことを教えているという。
あえて未完成の姿をもって完成に至ることの真理を説く――。
私たちに向けた深い教えが込められているのかもしれない。

# 消えた「北京原人の骨」を追え！

周口店の北京原人遺跡（中国）

## 人類の歴史をひもとく大発見

私たち人類の起源はいったいどこにあるのか——。

世界遺産のなかには、この壮大なテーマに関するものもある。そのひとつが、中国の「周口店《しゅうこうてん》の北京原人遺跡」だ。

この**北京原人は、更新世中期、二〇万～五〇万年前の生息と推定される東アジア最古の人類**。その北京原人にまつわる遺跡が北京から南西へ約四二キロメートルの周口店という村にあり、現在も発掘調査が行なわれている。

北京原人の発見は、いまからおよそ一〇〇年前にさかのぼる。一九二三年、スウェーデンの地質・考古学者によって、周口店の洞窟で三本の臼歯《きゅうし》化石が発見、原人のものと特定された。

三年後の一九二六年にも歯の化石が発見され、歯の持ち主は「北京原人」と名づけ

この洞窟から見つかった北京原人はいまどこへ?

られる。

その後、中国人考古学者が洞窟の堆積物から完全な形の頭蓋骨化石を見つけると、北京原人の存在は世界中で話題になった。

調査はさらに続き、現在までに四〇体以上の化石が発見されている。

北京原人は洞窟内で集団生活をし、石器や火を使って暮らしていたらしい。身長は約一五六センチメートル。脳の容積は現代人の三分の二程度で、アゴが突き出ている。

北京原人は人類の進化をひもとく上で大きなカギになることから、一九八七年に世界遺産に登録された。

人骨などが発掘された周口店の博物館では、北京原人の化石や彼らの生活の再現模型が展示されている。

## 突如行方がわからなくなった頭蓋骨

じつは日中戦争の最中の一九四一年、大事件が発生する。なんと、**それまでに発見されていた北京原人の頭蓋骨などが行方不明になってしまった**のだ。

人類にとってひじょうに貴重な北京原人の化石を戦火から守り、調査を進めるため、アメリカに輸送する手はずになっていた。ところが、輸送の途中で姿が消えてしまったのである。いったいどこへ……。さまざまな憶測を生んだ。

たとえば、北京原人の化石を載せた列車が日本軍に攻撃され、それが何かわからなかった日本軍の兵士に捨てられてしまったとか、日本に流出した化石を終戦後にアメリカが取り戻したが、中国に返還せずに隠している、あるいは海外には出ておらず、中国国内のどこかに残されているといった説が唱えられた。

しかし、どれもはっきりとした証拠はなく、噂の域を出なかった。

そうしたなか、**一九七五年に衝撃的なニュースが報じられる。北京原人の頭蓋骨が売りに出されたと**いうのだ。

そのニュースによると、アメリカの投資家が、亡くなったある元アメリカ海兵隊将校の婦人から連絡を受けてニューヨークで会ったところ、婦人は骨の入ったトランクの写真を見せ、**「北京原人の化石を買わないか」ともちかけてきた**という。婦人の亡夫は戦時中に中国・河北省の秦皇島《しんのうとう》キャンプに勤務していたとか。婦人は夫から亡くなる直前に化石の入った木箱を託されたのだが、自分が持っていると命を狙われる恐れがあるので売りたいということらしい。

しかし結局、取引は成立せず、婦人は化石とともに姿を消してしまったとされる。

やがて誰もが北京原人の化石消失事件を忘れた二〇一二年、中国とアフリカの研究員によって新たな手がかり発見の報告がなされた。

二人の研究員は、第二次世界大戦中にアメリカ海兵陸軍部隊の兵士だったリチャード・ボーエンという人物から次のような証言を聞いたという。

一九四七年、ボーエンが秦皇島の基地でシェルターをつくっていたとき、北京原人の化石が入った木箱を発見した。その木箱は機関銃の台として兵士に利用されていたが、訓練が終わると元の場所に埋められたというのだ。

二人の研究員は、ボーエンの証言をもとに秦皇島を調査し、基地の跡地を発見する。ところが、その場所は繁華街の駐車場となっていた。

**貴重な北京原人の化石は駐車場のアスファルトの下に埋まっている**のだろうか……。現在のところそれ以上の調査は行なわれていないようである。

ペルセポリス(イラン)

# アレクサンドロス大王はこの「ペルシア帝国」の都市で何をしたのか

## 大帝国を築いた英雄の野望とは

ローマ帝国が地中海世界を支配していた頃、東方ではペルシア帝国が栄華を誇っていた。そのペルシア（アケメネス朝）の栄華を伝える都市が、現在のイラン中南部に位置する「ペルセポリス」だ。東西約三〇〇メートル、南北約四五〇メートルの広大な都市遺跡が残されており、一九七九年に世界遺産に登録されている。

**ペルセポリスを建設したのはペルシアの王、ダレイオス一世である。西はエーゲ海北岸から東はインダス川流域にまで領土を広げた。**前五一八年にペルセポリスの建設を開始し、その子クセルクセス一世の時代に完成させた。往時のペルセポリスには宮殿や王座殿、謁見殿《えっけん》、宝物庫、後宮などが立ち並び、王による儀式が行なわれたとみられる。大帝国にふさわしい立派な都市といえるだろう。

しかし前三三〇年代前半、**ペルシアはマケドニアのアレクサンドロス大王によって**

ペルシア軍を撃破したアレクサンドロス大王、イッソスの戦い

**征服された。ペルセポリスも焼かれ、次第に廃《すた》れてしまう。**それゆえ、今は遺跡しか残っていないのである。

アレクサンドロス大王は、父の暗殺により二〇歳にして王位を継承し、ギリシャ全土を支配下に置くと東方遠征に向かい、ペルシア帝国を撃破。さらにエジプトを含むオリエント世界、インドにまで手を伸ばし、大帝国を建設する。

この侵略戦争の過程で陥落させた都市のひとつがペルセポリスであったのだ。ペルセポリス陥落後、アレクサンドロス大王は二万頭のラバと五〇〇〇頭のラクダを持ち込み、莫大な量の財宝を運び出した。そして火をつけたといわれる。

しかし、このペルセポリス炎上について

は疑問が残る。じつはこの焼き打ちは、大王が侵略を完遂してから約四カ月も経過してからのことで、その間、大王はペルセポリスに滞在していた。

なぜ、すぐに火をつけず、時間をおいて炎上させたのだろうか。

## ペルシア人への復讐？　酔った勢い？

アレクサンドロス大王はペルセポリスに放火する前、「ギリシャに侵攻してアテナイを破壊し、神殿を焼き尽くしたペルシア人に対して復讐してやりたい」と語っていたという。

たしかに紀元前四八〇年のペルシア戦争の際、アテナイはペルシア軍に占拠され、パルテノン神殿などを破壊されていた。そのリベンジを目論んでいたらしいのだ。

これが本当ならば、放火は計画的に行なわれた事件となる。**約四カ月かけてペルセポリスの財宝を運び出し、すべて奪い取ってから火をつけた**と考えれば納得がいく。

ところが放火した直後、「アレクサンドロスは即座に後悔した。そして火を消し止めるように命令したといわれている」との記述もある。ここから、大王は酒に酔った勢いで火をつけたのではないかという説を主張する識者もいるのだ。

その説の裏づけとなるかどうかは不明だが、アレクサンドロス大王に火を放つよう

焼け跡として残るペルセポリスの遺跡。焼き討ち前の4カ月に何が?

唆《そそのか》したとされる女性の存在が取りざたされている。

女性の名はタイス。彼女は酒の席で大王の功績を讃えたあと、ペルシア人を懲《こ》らしめるのはギリシャのためだ、そのためにはこの都市に火を放つべきだと主張。

その声に周囲の人々もはやし立てられ、気をよくした大王はペルセポリスの王宮に松明《たいまつ》を投げ捨てていったという。

彼女は売春婦で、アレクサンドロス大王の軍隊についてきていた。目当ての客は大王の朋友プトレマイオス一世。のちにエジプトのファラオとなり、彼女との間に三人の子をもうけることになる。

はたして、これらはすべて偶然だったのだろうか。疑問は尽きない。

# 断崖絶壁の〝岩山の頂上〟にどうしてこんなものが……

古代都市シギリヤ(スリランカ)

## 空中に浮かぶ要塞のような岩山

紅茶セイロンティーの産地として知られる、インド洋に浮かぶ島・スリランカ。その島の中央部、木々が生い茂る密林地帯に目を疑うような巨大な岩山が存在する。高さが約一八〇メートル（ちなみに、東京都庁第一庁舎は二四三メートル）あり、周囲は断崖絶壁になっているため、空中に浮かぶ要塞のように見える。

およそ一・六ヘクタール（畳だとなんと八七七一枚分）の広さを有する頂上には、立派な宮殿が建っており、噴水をたたえた庭園、豊満な天女が複数描かれた壁画、壁画が映り込むように磨かれたミラーウォールなどが点在。そして周囲を見渡すと、一面ジャングルの絶景が広がる。

これが世界遺産に登録されている「古代都市シギリヤ」のシギリヤロックだ。

このシギリヤロックを訪れた人の脳裏を真っ先によぎることがある。なぜこのよう

高さ180メートルの巨岩の頂上にあるシギリヤロックの宮殿。なぜこんな場所に?

な岩山の上という悪地に宮殿を築いたのか、という疑問である。

## 父親を殺害した王

シギリヤロックに宮殿を建設したのは、シンハラ王朝の五世紀後半の王であるカッサパ一世である。

即位前、彼は気を病んでいた。王の長子でありながら、母の身分が低く、王位継承権を正妃の息子モッガラーナに奪われようとしていたからだ。

そこで彼は、**クーデターを起こす**ことにする。

カッサパ一世は軍司令官と共謀して王を監禁したうえ、モッガラーナを追放。さらには**王を処刑し、王位を略奪してしまう**。

こうしてカッサパ一世は、**念願の王となったのだったが、以降、彼は苦悩の日々を送ることになる。**

スリランカは当時も今も仏教国。仏教の教えでは親殺しは最大の罪とされ、後悔の念にとらわれた。罪滅ぼしとして善政に励んだものの、罪悪感からは逃れられない。

また、追放したモッガラーナに復讐されるのではという恐怖にも打ち震えた。

そんな苦しみのなか、彼は父がかつて取り組んでいた岩山の宮殿建設を思い出す。宮殿を完成させれば、あの世で父に顔向けできるのではないか、しかもモッガラーナの復讐から身を守ることもできる。

こうした理由により、シギリヤロックの宮殿は建設されたのである。

一説によると、彼は神になろうとしたともいわれている。

天に近い場所で神になり、天国と同じような生活を送れば、地獄に堕《お》ちにくくなる。

そこで**岩山の頂上の宮殿に暮らし、自分が神であると信じ込もうとしたらしい。**

宮殿の周辺にも、その思いを伝える遺物がたくさんある。

岩山の中腹に描かれた美女の壁画は「シギリヤ・レディ」といい、彼が父を弔《とむら》うために描かせた。現在は一八体しか残っていないが、当初は五〇〇体も描かれていたという。

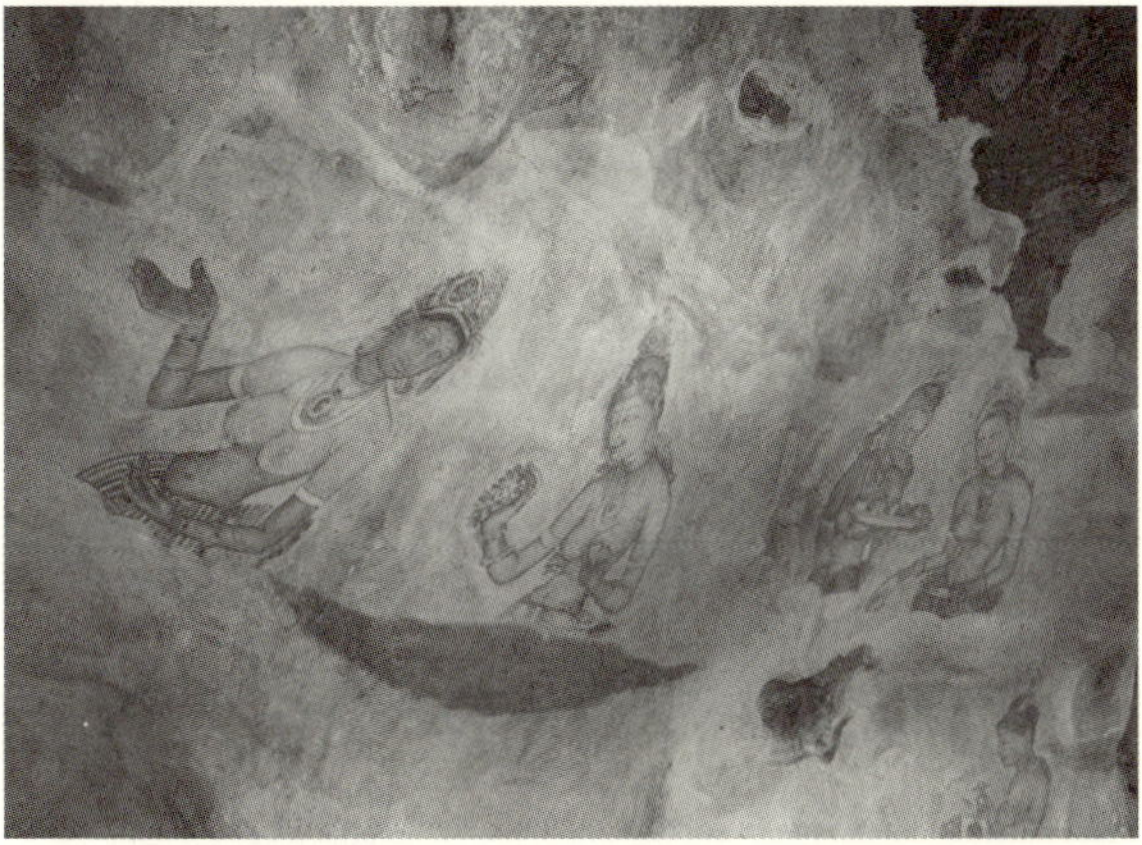

美女の姿が残る壁画「シギリヤ・レディ」。描かせた王の狙いは

また、シギリヤロックの入り口には、ライオンの前足がある。以前は頭部もあり、ライオンが大きく口を開け、王宮へと導いていた。

これはモッガラーナへの威嚇《いかく》だと考えられている。その証拠に、前足はモッガラーナが逃れたインドの方向を向いている。

しかし、ライオンによる威嚇は効果がなかったようだ。

結局、恐れていたモッガラーナの**復讐にあい、宮殿を包囲されると自害して果てた**のである。

その後、宮殿は放棄され、ジャングルのなかで忘れ去られた存在となったのだ。

# 「アユタヤ王国」の仏像には、なぜ〝頭〟も〝腕〟もないのか

古都アユタヤ(タイ)

## 国際交易都市として栄えた仏教王国

親日国として有名なタイは、日本からの観光客も多い。仏教国らしく寺院や仏像などども多く、訪れる人は敬虔《けいけん》な気持ちになることだろう。

とはいえ、なかには異質なものも……。それは、首都バンコクの北約七五キロ、アユタヤの遺跡にある。アユタヤは、一四~一八世紀、アユタヤ王国の首都として繁栄した都市で、現在もラーチャブラナ寺やマハータート寺といった当時の遺跡が残り、一九九一年に周辺の遺跡群とともに世界遺産に登録された。

しかし、そこに**多数並ぶ仏像は、ほとんど頭部がないのである。頭部だけでなく、腕がなかったり耳がなかったりする仏像も多い。**

本来、大切にされるはずの仏像がなぜ、このような無残な姿になってしまったのだろうか。その謎を解くには、アユタヤ王国の歴史を探る必要がある。

仏教王国・アユタヤ王朝の遺骨が納まるワット・プラ・シーサンペット

アユタヤ王国は一三五〇年に興った。チャオプラヤー川沿岸という地の利を活かし、国際交易都市として発展。巨万の富を背景に絢爛豪華な寺院がつくられ、仏塔や仏像のほとんどがきらびやかな宝石で彩られた。

また、異国船も多く寄港したことで、外国人も多数住みついた。その結果、タイ人より外国人のほうが多いといわれる国際都市となった。外国人であっても有能な人は官吏に採用されたという。

**そこに暮らす外国人のなかには日本人もおり、元戦国武士や切支丹《きりしたん》として迫害された人たちが、最盛期には一〇〇〇人ほど居住していた。**有名なのが山田長政。彼は日本人の傭兵《ようへい》隊長として王の信頼を得、高位を授けられている。

## 仏像を破壊し尽くしたビルマ軍の狙いとは

このように東南アジア史上でもきわ立つ栄華を誇ったアユタヤ王国は、反面、戦乱の絶えない地域でもあった。何度も衝突したのが隣接するビルマ（現ミャンマー）だ。ビルマはアユタヤの背後から侵攻を繰り返し、一七六七年には中心部まで侵入、アユタヤはついに陥落してしまう。

**アユタヤ四〇〇年の歴史に終止符を打ったビルマの軍隊は、破壊の限りを尽くした。**とくに仏教関連施設に対する破壊行為は恐ろしいほどで、寺院はもちろん仏像も片っ端から叩き割り、首や腕、足を落としていった。

宝石をむしり取られた仏像も少なくない。

現在、アユタヤでは五体満足の仏像も見られるが、それらは二〇世紀に修復されたか、ビルマ侵攻時に隠されていて破壊をまぬがれたものである。

だが**じつは、アユタヤの仏像を破壊したのはビルマだけではない。**

ビルマのアユタヤ侵攻から一五年後の一七八二年、タイにラタナコーシン朝が興り、ビルマを追い出した。ラタナコーシン朝はタイの王朝であり、本来なら破壊された遺構を修復すべき立場にある。

頭部を落とされた仏像群。遺跡内にはこうした首なしの仏像が並ぶ

ところが修復どころか、寺院を壊して新都の建設に用いるなど、さらに破壊を推し進めたのだ。

ビルマにせよ、ラタナコーシン朝にせよ、仏教徒である。にもかかわらず、なぜ仏教関連施設を徹底的に破壊したのだろうか。

同じ仏教徒であれば、国や王朝が違えども、仏像の頭部を叩き壊すことなど簡単にはできないだろう。

アユタヤに何か特別な恨みがあったのか、それとも仏教徒が仏像を破壊することに宗教的な意味があったのか……。

その動機はいまもって謎であり、ただ首のない仏像たちがその悲しい歴史を伝えている。

# 歴史を塗り替えた「敦煌文書」の真実

莫高窟（中国）

## シルクロードの分岐点で何があったのか

世紀の大発明、大事件、大発見……最近は世界中の出来事が瞬時に見られるようになっただけに、私たちの驚きは減ってきているかもしれないが、いまから一〇〇年ほど前の**一九〇〇（明治三三）年、世界史を揺るがすある大発見**が起こった。

場所は、中国北西部にある「敦煌《とんこう》」。かつてシルクロードによる東西交易の中継地として栄えた地である。

その**敦煌にある石窟（莫高窟《ばっこうくつ》）で〝隠し部屋〟が見つかり、なかから何万点もの古文書がうず高くつまれているのが発見された。現在、「敦煌文書」と呼ばれる貴重な文献**である。

莫高窟は、四世紀に掘削が開始された。その後、一〇〇〇年もの間掘り続けられ、南北約一八〇〇メートルにわたって「千仏洞」と呼ばれる一〇〇〇以上の石窟が完成。

「敦煌文書」を発見した男・王圓籙が直面した現実とは

現在も四九二以上の石窟と二四一五体の塑像《そぞう》（粘土や石膏《せっこう》を材料としてつくられた像）、総面積五万平方メートルに及ぶ壁画が残されており、一九八七年に世界遺産に登録された。

仏像の多くは、慈悲の笑みを浮かべる菩薩像であることから、唐の首都・長安の影響を受けていることがわかる。

また、壁面は極楽浄土の様子を描いた「浄土図」などが多いが、一三世紀につくられた石窟の壁画は、チベット文化圏の流入をあらわすように、神々が交接する壁画が目立つ。

しかし、唐の国力が衰退すると次第に衰えていく。シルクロードの要衝《ようしょう》に位置していたため支配者が次々と変わり、やがてモンゴル帝国によって西夏《せいか》の王朝が滅ぼされると、莫高窟は人々の記憶から消え去ることになった。荒れ果て、砂に埋もれてしまったのである。

## 貧しさに負けてしまったために……

そして時代は進み、王圓籙《おうえんろく》という道士（道教を修めた人）が一九〇〇年に敦煌にやってきて、石窟に住み着いた。

あるとき、彼は第一六窟の北側の壁面が異様に盛り上がっていることに気づく。その部分を押してみると壁が壊れ、例の隠し部屋（第一七窟）が出現、敦煌文書が見つかったのである。

敦煌文書はさまざまな**仏教経典のほか、中国や中央アジアの歴史や地理、言語などの文献、さらに絵画**から構成されている。**キリスト教やマニ教の文献、私文書**なども含まれており、当時の状況を知る重要な手がかりになるのだ。

しかし、この世紀の大発見によって脚光を浴びた敦煌文書の多くは、中国に残されず、世界中に分散してしまっている。

なぜ、そのような事態になったのだろうか。

発見者の王圓籙は敦煌文書を発見すると、その存在を役所に伝えた。しかし、当局は関心を示さず、調査も保存も行なわなかった。

やがてイギリスやフランス、日本などから学者たちが訪れ、経典や書画、仏像などを手に入れようと、王圓籙らと交渉を始めた。

たとえばイギリスの考古学者スタインは、馬《ば》蹄《てい》の形をした銀塊と引き換えに、数千点の古文書や仏画を入手。フランスの中国古典学者ペリオも、五〇〇〇巻の経典と絵画を安価で購入し、自国へ送った。

**敦煌文書は金銭に代えがたい貴重なものだったが、その価値がわからず、また貧しかった王圓籙は次々に文書を売り飛ばしてしまう。**また、遅れて来た日本の大谷探検隊には約一〇〇〇点の経典類を渡している。

中国政府もようやく敦煌文書の貴重性に気づき、残されたものを集めようと試みた。しかし、時すでに遅し。

多くは大英博物館やフランス国立図書館、日本の龍谷大学などに収蔵されている。各国で研究が進められることになったのは、結果的によかったのだろうか――。

# 3章

# 名建築につきまとう「怪奇現象」を見た

アルハンブラ宮殿、ルーヴル、ロンドン塔、姫路城……

# 「ロンドン塔」にはいまも処刑された者たちがさまよっている

## 雨の日に姿を消した女性

イギリスを代表する観光名所「ロンドン塔」。

テムズ川沿いにそびえ立つロンドン塔は、もともとは一一世紀に建設された「砦《とりで》」である。**その後、歴代のイングランド王が王宮としたが、のちに政治犯の牢獄・処刑場となった。**現在は博物館となり、一九八八年に世界遺産に登録されている。

ちなみに、砦でありながら「塔」といわれるゆえんは、その塔の数の多さにある。ここには二一もの塔が存在しているのだ。

じつはこのロンドン塔、**単なる観光名所ではない。心霊スポットとしても有名な**のである。たとえば、こんな話がある。

ある雨の日、観光で塔を訪れていた一人の学者が女の幽霊を見たという。学者は塔内をひと通り見て回ったあと、礼拝堂で休憩していた。雨ということもあり、薄暗い

イギリスの血塗られた歴史を秘めたロンドン塔

堂のなかには彼しかいなかった。

休憩を終え、堂から出ようとしたとき、誰かが堂のなかに入ってきた。その者は黒いビロード服を着た女。顔は陰で暗く隠されていて見えなかったが、すぐに女がこの世のものではないとわかった。学者はその場から動けなくなり、じっとしていたところ、女は礼拝堂に祈りを捧げ、出口から姿を消したという。

こうした**幽霊の目撃談は、「タワー・グリーン」と呼ばれる広場周辺に多い。**なぜか二月一二日に白い服を着た女の霊があらわれるとか、首を抱えた女の姿や断末魔の叫びを上げながら逃げまどう霊が姿をあらわすなどといわれている。

また、**塔の手前にある「タワー・ヒル」と呼ばれる小高い丘でも得体の知れない多くの幽霊が目撃されるらしい。**

なぜ、ロンドン塔にはこれほど多くの幽霊が出現するのだろうか。じつは、この塔には血塗られた過去があった。

## ロンドン塔で行なわれた死刑の数々

一五〜一六世紀、ロンドン塔で悲劇的な事件が起こる。

**最初の犠牲者は二人の幼い王子であった。**一二歳で国王の座に就いたエドワード五世とその九歳の弟ヨークは、伯父のリチャードによって幽閉された。二人はしばらく塔のなかで暮らしていたが、いつしかその姿は見えなくなってしまう。そして、なんと幽閉から約二〇〇年後、骨となって発見されたのだ。

**次の犠牲者たちは、一五〇九年に即位したヘンリー八世によって生み出された。**

まず、大法官トマス・モアが、王の離婚に同意を与えなかったために塔に幽閉され、タワー・ヒルの手前にある小高い丘で処刑された。

続いて、フィッシャー司教が王の宗教改革に異議を唱えたために塔に幽閉された。ろくな食事が与えられず、服が着られないほどにやせこけ、トマス・モアと同様に処刑された。

彼らのような反逆者は、単に処刑されるだけでは許されず、首をさらされたのち、テムズ川に投げ捨てられたのである。

さらに、ヘンリー八世を取り巻く女性たちも犠牲になった。二番目の王妃であったアン・ブーリンは、王の浮気に逆上し、王からもらった首飾りを床にたたきつけてしまう。これが逆に王を激怒させ、皮肉なことに、彼女は姦通罪の濡れ衣を着せられ、タワー・グリーンの広場で首を落とされたのである。

また、アン・ブーリンの従妹で五番目の王妃キャサリン・ハワードは不倫をはたらき、タワー・グリーンで処刑された。

もっとも悲惨なのは、王に対する息子の誹謗《ひぼう》を咎《とが》められて処刑されたソールズベリー伯爵夫人だろう。彼女は六〇歳を超える老体で、泣き叫びながら処刑台のまわりを必死で逃げ回った。捕えられ首を落とされるときにも抵抗し、その首は斧《おの》を五回振りおろすことでようやく落ちた。彼女は悲痛な叫び声をずっと上げていたという。

そして、**無実の罪で殺された者**もいる。王女ジェーン・グレイである。

彼女は一七歳の若さで王位に就いた。イングランド史上初の女王である。しかし、即位からわずか九日後、権力闘争に巻き込まれて反逆罪で投獄、ついには処刑されてしまう。彼女は首を落とされた者のなかで、もっとも美しいとされる。

そう、ロンドン塔にあらわれる幽霊の正体は、首を落とされ、処刑された者たちだったのである。彼らはいまなおこの塔にとどまり続け、われわれの目の前に姿をあらわすのだ。

## 処刑される場面が見える!?

最後に、先の王妃アン・ブーリンに関する奇妙な話を紹介しよう。

ある親子が処刑台を見学に来ていたときのこと、親子はロンドン塔にまつわる悲惨

無実にもかかわらず首をはねられる17歳の王女ジェーン・グレイ

な過去をガイドから伝え聞いた。そしてひと通り説明が終わると、子どもが親に次のようなことをいったのである。

**「マサカリじゃなかったわよ。アンの首を切ったのは刀だったわよ」**

アンの処刑はマサカリ（斧）で行なわれたとされてきたが、子どもはたしかに「刀」といった。

実際、その後の調査でアンの処刑は正確には刀で行なわれたことがわかった。

**子どもには見えたのだ。処刑台でアンが実際に処刑されるその瞬間が……。**

彼女の遺骨は処刑台の隣にある「クサリにつながれた聖ペテロ教会」という聖堂から発見された。現在、その遺骨は聖堂内に埋葬されている。

102

# なぜ、「世界一恐ろしい墓地」が世界遺産に？

エディンバラの旧市街と新市街（イギリス）

## 二つの顔を持つ町

古きよき伝統を大切にするイギリスには、それを象徴するような世界遺産が多い。そのひとつ、スコットランドの首都エディンバラは、中世の街並みが残る旧市街と一八世紀以降に整備された新市街で構成されている。両者が融合した景観の美しさが評価され、一九九五年に世界遺産に認定された。

旧市街は、キャッスルロックと呼ばれる岩山の上から街を見下ろすエディンバラ城を中心に広がり、道沿いには中世の建築物が立ち並ぶ。

一方、新市街はスコットランドとイングランドが統合した一八世紀初頭、人口増加に対応するため、旧市街の北側に拡張された。狭い空間に建物が密集している旧市街とは対照的に、碁盤の目状に区画され、広々とした街並みになっている。

このヨーロッパでも屈指の美しさを誇る都市には、別の顔がある。「世界一恐ろし

スコットランドの首都エディンバラ。ここで21世紀のいまも怪奇現象が

い墓地」といわれる「グレーフライアーズ・カークヤード」があるのだ。

## ある呪いの始まり

グレーフライアーズ・カークヤードは、旧市街地に位置するグレーフライアーズ教会の敷地内にあり、近年、さまざまな怪奇現象が報告されている。

一説によると、**怪奇現象が発生するのは、およそ三〇〇年前に行なわれた大量虐殺のせいだという。**

一七世紀、スコットランドのプロテスタント教会は「長老派」と「監督派」という二つの宗派に分かれて主導権争いを繰り広げていた。

監督派は国王の権威を背景に、長老派を

制圧しようとする。それに反発した長老派が反乱を起こすと、一二〇〇人もの長老派信徒が牢獄に収監された。

その後、監督派の上級官吏ジョージ・マッケンジーは、彼らに処刑の裁定を下す。まず寒風に一晩中さらしてから地下牢に投げ込み、拷問を実施。食料も与えずに拷問を続けた結果、一二〇〇人のうちほとんどが獄死した。**あまりの残酷さに、マッケンジーは「ブラッディ（血に染まった）・マッケンジー」と呼ばれ、歴史に悪しき名を残すことになった。**

そのマッケンジーは虐殺の一〇年ほどのちに亡くなり、グレーフライアーズ・カークヤードの霊堂に納められた。

それからしばらくは何事もなかったようだが、一九九九年にホームレスが霊堂の扉を開けて以降、怪奇現象が多発するようになったのだ。

## 多発するポルターガイスト現象

たとえば、**手を引っ張られたり、体を噛まれたという人が何人もいる。奇妙な音を聞いた、寒気がした、変なにおいを嗅いだという人も多い。**

こうした怪奇現象の報告があまりにも多いため、エディンバラ市は霊堂周辺への立

大量虐殺を指揮したとされるブラッディ(血に染まった)・マッケンジー

ち入りを制限しなければならないほどだという。現在も入場区域が制限されており、夜間はツアーでしか立ち入りできない。

怪奇現象の原因はマッケンジーによるものか、それとも彼に殺された長老派の亡霊によるものか、真相は闇の中である。

一説によると、エディンバラ大学医学部が検体のために虐殺された人々の遺体を掘り起こしたことが原因だともいわれている。

いずれにせよ、怪奇現象が多発する世界一恐ろしい墓地であることはたしかだ。

現在、マッケンジーの遺体が納められた霊堂は、鉄のチェーンで堅く閉ざされている。そのチェーンの不気味さが訪れる人々にさらなる恐怖をもたらしているのだ……。

# 流血の跡からひもとく「アルハンブラ宮殿」

グラナダのアルハンブラ、ヘネラリーフェ、アルバイシン地区(スペイン)



## 優美なイスラム宮殿の歴史の裏に

西ヨーロッパにありながらイスラム文化の影響が強く残る、異国情緒あふれる美しい都市がスペインにある。

南部のアンダルシア地方に位置する古都グラナダだ。

一四九二年、レコンキスタ運動によってキリスト教徒に奪回されるまで、グラナダには、イスラム王朝であるナスル朝の都が置かれていた。城壁内にモスクや要塞などがつくられ、現在もその姿を見ることができる。そのなかで最大の観光名所となっているのは世界遺産の「アルハンブラ宮殿」だ。

**アルハンブラ宮殿はナスル朝を興したムハンマド一世が一二三八年に築いた城塞で、グラナダ市街を見下ろす丘の上に立つ。**

その後、歴代の王たちの手で増改築され、現在は周囲二キロメートルにわたる広大な宮殿となっている。イスラム宮殿建築の伝統を踏襲し、長方形をした二つの中庭を中心に、公儀の間や後宮（ハレム）などが配置。中庭の水盤や噴水、建造物の各部屋を彩る大理石や漆喰《しっくい》、釉薬《ゆうやく》タイルなどの装飾は芸術作品として評価が高い。

また、イスラム教の聖典（コーラン）に描かれた楽園のようすを再現したヘネラリーフェ庭園や、当時の景観をいまに伝える旧市街のアルバイシン地区も世界遺産に含まれており、多くの観光客を集めている。

## 愛憎劇が生んだ二度の事件

アルハンブラ宮殿を訪れると、まず裁判所の役割をもっていた「メスアール宮」を通る。ついで「黄金の間」から通用門を経て、「大使の間」のあるコマレス塔に至る。そこから通路を歩いていくと、宮殿の女性たちが暮らす後宮へと導かれる。その中心にある中庭が獅子のパティオだ。

そこには、一二体のライオン像を配した噴水がある。噴水の周囲の床面は白い大理石が設《しつら》えられているが、一カ所だけ変色している場所がある。

**恐ろしいことに、これは血の染みだといわれている。じつは宮殿では、その優美な姿からは想像もできないような陰惨な事件が、過去に二度も起こっていたのだ。**

最初の事件は一五世紀半ばに起こった。

ある日、王が不穏な噂を耳にする。王妃が王を暗殺して、息子を王位に就けようと企てているという。**激怒した王は、王妃と王子の首をはね、この噴水の縁に並べたのである。**

そして、二度目の事件が起こった。

きっかけは、王妃とある名門一族の男が恋仲になったことであった。当時彼は王の親衛隊として宮殿で勤務していた。

もともと後宮に入ることのできる者は、宦官を除けば王と女性だけ。例外的に許されていた、音楽を演奏する楽士《がくし》は、女性たちを見られないよう目を潰されていたというほど厳格だった。にもかかわらず、その男は夜な夜な後宮へ忍びこんで王妃と密会していたのだ。

ついにある日、発覚してしまう。幸い男は顔は見られていなかった。

しかし、その服装から親衛隊の一員であることが判明すると、王は親衛隊三六人全員を調べ上げた。

結局、犯人を特定することはできなかったが、**怒りがおさまらない王は、なんと全員の首をはねてしまう。そして彼らの首を、獅子のパティオの噴水の縁に並べたので**

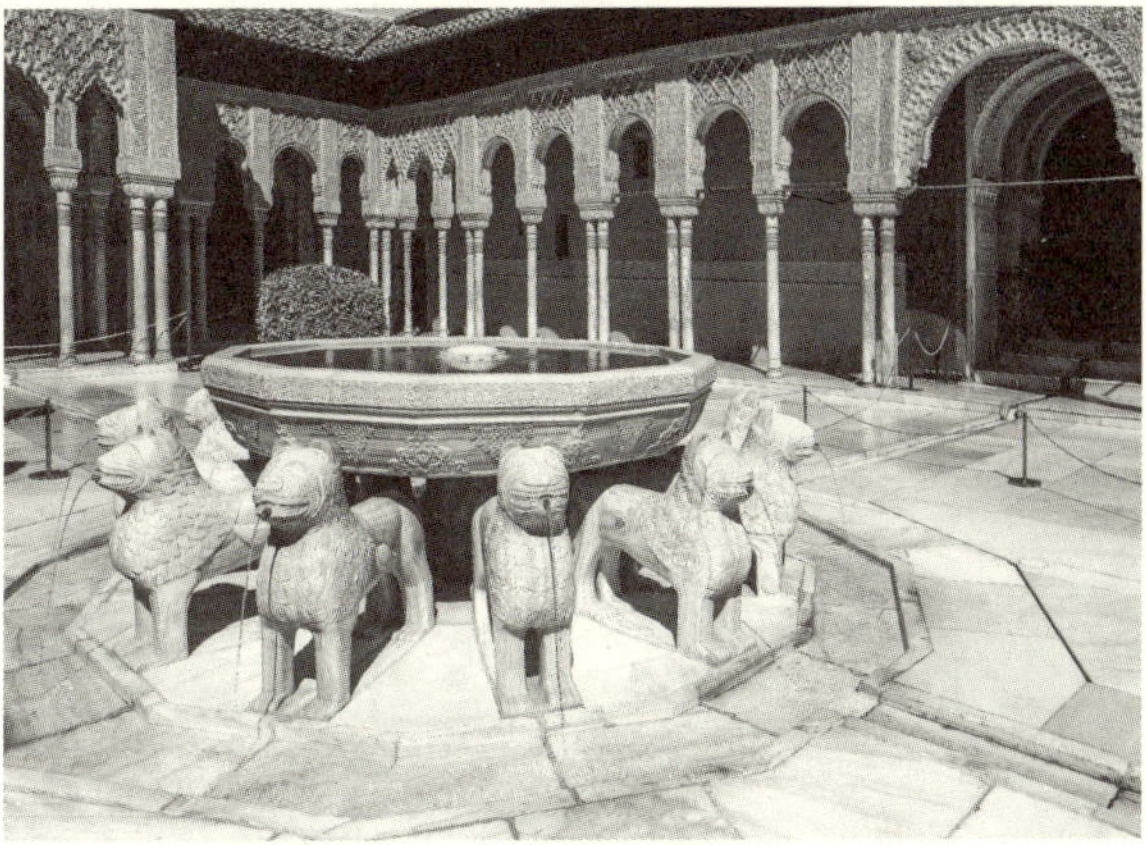

アルハンブラ宮殿の後宮（ハレム）にある中庭。消えない血の跡が白い大理石に

ある。

親衛隊全員を殺したのは、王ではなく別の人物だという説もある。当時、グラナダでは王位をめぐる争いがあった。その権力闘争に負けた側が悔しまぎれに親衛隊全員の首をはねたというのだ。

真相は定かではない。しかし、いずれにせよ親衛隊が犠牲になったのはたしかであり、噴水のまわりの変色部分は彼らの血の染みだと信じられている。

この血なまぐさい惨劇のせいか、**宮殿では幽霊が徘徊《はいかい》し、中庭から毎晩のようにうめき声が聞こえる**ともいう……。

殺された親衛隊たちの怨念がいまも残っているのだろうか。

110

# 美しいフランスの名城にあらわれる「白い喪服の女性」

シュリー‐シュル‐ロワールとシャロンヌ間のロワール渓谷（フランス）

## シュノンソー城の「怖い噂」

フランスといえば、芸術も歴史も文化も、さまざまな魅力にふれることができるため、世界中の観光客を惹《ひ》きつける。パリだけでなく、地方にも美しい自然に恵まれた観光地が多い。

フランス一の大河ロワール川の織りなすロワール渓谷には、険しい山々に囲まれた地に広がる田園風景、美味しい白ワイン、古城などがあり、「シュリー‐シュル‐ロワールとシャロンヌ間のロワール渓谷」として世界遺産に登録されている。

最大の見所は古城だろう。**ルネサンス建築の代表格であるシャンボール城、レオナルド・ダ・ヴィンチの終焉の地となったクロ・リュセ城など数々の古城があるが、そのひとつ、シュノンソー城は、ほかにない特徴で注目を集める。**

ロワール川の支流の川をまたぐように建つシュノンソー城は、もともと水車小屋で

フランスの古城・シュノンソー城。幽霊の目撃情報が絶えない

あった。それが一五三七年に改築され、シェール川岸に本館を建造。その一〇年後にはアンリ二世の愛人ディアーヌ・ドゥ・ポワティエが橋をかけ、現在の姿に近づいた。

その後、シュノンソー城はディアーヌからアンリ二世の王妃カトリーヌ・ド・メディシスの手に渡る。

彼女は摂政としてこの城で外交行事を行なった。一五六〇年にはこの城で花火が打ち上げられたが、これがフランス初の花火とされている。

このようにシュノンソー城は、美しいだけでなく王家の歴史と伝統に彩られた城であるが、ある恐ろしい噂が伝えられる。

**白い喪服の貴婦人の幽霊が出る**というのだ。

## 幽霊の正体は悲劇の王妃？

幽霊の正体とみなされているのは、アンリ二世と王妃カトリーヌの息子であるアンリ三世の王妃ルイーズ・ドゥ・ロレーヌである。

ルイーズは一五五三年にロレーヌ公国の王家に生まれ、二一歳のとき、のちのアンリ三世に見初められる。その後、アンリは兄のシャルル九世が夭逝《ようせつ》すると、フランスに帰国して即位。**ルイーズは王妃となったが、その後は不幸続きだった。**

夫のアンリ三世の即位当時、フランス国内ではカトリック教徒とプロテスタント教徒の間で宗教戦争（ユグノー戦争）が起こっていた。その戦争で、アンリ三世はカトリック教徒を弾圧したため、一五八九年に暗殺されてしまう。享年三八。若き王の早すぎる死は王妃ルイーズを大いに悲しませた。

ルイーズは悲しみのあまり外出することもままならず、シュノンソー城内に引きこもる。子どもが生まれないことで、うつ病を患っていたことも彼女の精神状態に少なからず影響したようだ。**やがて夜な夜な白い喪服を着て城内を徘徊するようになった。**

そんな半狂乱の生活を一二年間続けたのち、四八歳で亡くなった。その後、城には、庭番の夫妻以外、住む者は誰もいなくなったのだ。

かつてシュノンソー城に暮らした王妃ルイーズ。彼女が「白い喪服の幽霊」なのか

それから十数年後のこと。

庭番がシェール川のあたりで明かりを見て見回りに出たのだが、なかなか戻ってこない。心配した妻が探してみると、庭番は橋のたもとで死んでいた。死因は不明だが、その顔は何か恐ろしいものを見たかのような表情をしていたという。

これ以降、周辺の村人たちの間で、ルイーズの幽霊の目撃報告が次々となされるようになったのである。現在、シュノンソー城は往時と比べるとずいぶん様変わりしてしまったが、ルイーズが引きこもった部屋は当時のまま残され、一般公開されている。

家具や寝具も変わっていないため、夜になるとルイーズのすすり泣く声が聞こえてきそうな雰囲気を醸し出しているのだ。

# 夜の「ルーヴル美術館」に血まみれの兵士たち行軍中

パリのセーヌ河岸（フランス）



## 昼間のにぎやかさからは想像できない噂が！

エッフェル塔、凱旋門、ノートルダム大聖堂、コンコルド広場……パリを訪れる観光客に人気のこれらの歴史的建造物は、すべてセーヌ河岸にある。

世界遺産には、サン・ルイ島にかかるシュリ橋からエッフェル塔の近くにあるイエナ橋までのセーヌ川両岸が登録されており、多くの観光客を集めている。

そのセーヌ河岸において、とくに人気なのが北岸にある**「ルーヴル美術館」**だ。ここはダ・ヴィンチの『モナ・リザ』や古代ギリシャ時代のミロのヴィーナスなどを収蔵し、年間一〇〇〇万人もの人々が訪れる世界屈指の大美術館。

建造当初は城郭で、一六世紀後半にフランソワ一世によってルネサンス式の城館として再整備された。

その後、ルイ一四世がヴェルサイユ宮殿（14ページ参照）に移るとルーヴルは荒廃

ルーヴル美術館の横にあるチュイルリー庭園。夜になるとここで……!?

してしまったが、一八世紀後半のフランス革命を機に美術館として生まれ変わり、現在に至る。また、ルーヴル美術館の横には**「チュイルリー庭園」**がある。

もともとはアンリ二世の王妃カトリーヌ・ド・メディシス（111ページ参照）が建設したチュイルリー宮殿があった場所だが、一八七一年のパリ・コミューンの内乱の際に炎上したため修復されて庭園になった。左右対称の優雅なフランス式庭園が見所だ。

ルーヴル美術館とチュイルリー庭園。この二つに挟まれた場所で、その美しさからは想像できない噂がある。

**血まみれになった兵士たちが、隊列を組んで行進**している姿を見たという人が何人もいるのだ。

## 宮殿前で起きた血の虐殺劇

この兵士たちの幽霊の正体は、歴史をひもとくと判明する。

フランス革命の際、ルイ一六世や王妃マリー・アントワネットら国王一家は、ヴェルサイユ宮殿からチュイルリー宮殿へ移され、軟禁生活を送っていた。一七九一年にイギリスへ逃亡しようとしたものの、あえなく失敗。翌年六月には宮殿に侵入してきた暴徒が国王に赤い革命帽子をかぶせるという事件が起こるなど、次第に不穏な空気が漂ってきた。

そしてその年の八月、五〇〇〇を超える民衆が武器を携えて宮殿を襲撃する。このとき国王を守っていたのは、六〇〇人ほどのスイス人傭兵であった。当時のフランス王室は武勇と忠誠心あふれるスイス人を護衛兵隊として置いていた。

スイス人傭兵は宮殿の中庭で大砲の砲列を敷き、押し寄せる民衆に対して砲撃した。民衆の勢いは止まり、このまま護衛兵隊が追撃して終わりかと思われた。ところが、そのタイミングで国王が砲撃の停止を命令してしまう。国王は話し合いで解決しようとしたのである。

しかし、民衆側にはすでに妥協の余地がなかった。砲撃がないとわかると銃剣を手にして、再び襲いかかる。

兵士にとって、国王の命令は絶対。迫り来る暴徒を目の前にしても、攻撃中止命令を忠実に守り、無抵抗を貫いた。

その結果、ある者は棍棒《こんぼう》で殴り飛ばされ、ある者は銃剣でメッタ刺しに……。ほかにも馬車でひかれる者、木に吊るされる者、手足をちぎられる者などが続出。目を覆いたくなるような虐殺が繰り広げられ、あたり一面に兵士たちの無残な遺体が転がったのである。

ここで信じがたい光景が現出したという。**なんと虐殺され、屍《しかばね》となった兵士たちが起き上がって隊列を組み、チュイルリー宮殿からルーヴル宮殿までの間を音もなく行進しはじめた**のである。その場にいた民衆はあまりの恐ろしさにみな失神。

この日以来、付近で、血まみれになった幽霊が行進するようすがしばしば見られるようになった。

そして、**兵士たちの幽霊が目撃されるとき変死者が出る**との話もある。しかも、**変死するのは、当時チュイルリー宮殿を襲撃した民衆の子孫**だという。

死してなお暴徒へ復讐する血まみれの兵士たち。彼らはいまも、風光明媚なセーヌ河岸をさまよっているのである。

# チェコ「聖母マリア大聖堂」の内部はなぜ人骨だらけなのか

クトナー・ホラ（チェコ）



## 約四万人の骨が納められている「骸骨教会」

世界遺産に登録されている教会は数多くある。

もしかすると、そのなかで〝**もっとも恐ろしい教会**〟といっても過言でないものがチェコに存在する。

首都プラハから東へ六〇キロほど進んだクトナー・ホラという町にある聖母マリア大聖堂だ。信じがたいことだが、**おびただしい数の骸骨で装飾され、納骨堂にも骸骨があふれている**のである。

この田舎町はかつて銀鉱山の都市として大いに栄え、貨幣の鋳造などもここで行なわれるなど、一四世紀にはプラハと並ぶ大都市だった。

その後、相次ぐ戦争で町は荒廃。一八世紀に銀の鉱脈が枯渇し、現在は人口およそ二万人の小さな町となっている。しかし、町並みや建築物は中世末期頃の最盛期の面

聖母マリア大聖堂の納骨堂は、人骨を用いた装飾であふれている

影を色濃く残しており、一九九五年にその中心街が世界遺産に登録された。

　それにしても、なぜ、そんな恐ろしい教会になったのだろうか。

　聖母マリア大聖堂は一一四二年に創建されたカトリック教会シトー派の修道院を前身とし、一四世紀初頭に教会となった。

　その頃につくられた建物は間口八七メートルで、チェコに現存する教会のなかで最大級の大きさを誇る。当初はゴシック様式だったが、一八世紀初頭にバロック様式に改築された。

　納骨堂は、この聖母マリア大聖堂の手前に建っており、**「骸骨教会」「墓地教会」**などと呼ばれている。

　堂内に入り地下に足を進めると、そこか

しこに人骨がある。天井からぶら下がる飾り、柱の飾り、さらにキリスト教の教えで重視される聖杯もすべて人骨でできている。

人骨、人骨、人骨……のオンパレードである。

なかでも注目すべきは、巨大なエンブレムとシャンデリア。

エンブレムはこの教会の後見人であるシュヴァルツェンベルグ家の紋章で、教会堂の内部を建築した彫刻家の手によってつくられた。頭蓋骨だけでなく体のさまざまな部位の骨を用いて造形している。シャンデリアにも各部位の骨が使われており、一見すると骨だとは思えない。アート作品としても高く評価されるだろう。

## 疫病や戦乱で亡くなった人々が……

**人骨の数は、約四万人分といわれている。**それはペストにかかって死んだり、戦争の犠牲になった人々のものだ。

一三～一四世紀、ヨーロッパではペストが大流行し、推定五〇〇〇万人が死亡したという。チェコでもペストの感染者は多く、クトナー・ホラには約三万人の死者が埋葬された。さらに一四一九年には、キリスト教改革派のフス派の反乱を機にフス戦争が勃発し、約一五年間に数千人が死亡、死者はやはりクトナー・ホラに埋葬された。

教会の後見人シュヴァルツェンベルグ家の紋章までも骸骨でできている!?

その後、埋葬地に教会がつくられることになったが、死者が眠る大地の上に、そのまま教会を建設するわけにはいかない。そこで教会の関係者が遺骨を掘り起こし、地下に設けた納骨堂に納めることにすると、無数の人骨が積み重ねられた。

一八七〇年には教会の後見人であるシュヴァルツェンベルグ家が、**亡くなった人々の「復活」を願い、人骨を使った装飾を考案**。彫刻家フランティシェク・リントが形にした。こうして現在の姿ができあがったのである。

初めて見ると、恐怖におののくに違いない。しかし、疫病や戦乱で亡くなった人々の復活を意味していると知れば印象も変わるのではないだろうか。

# 『ハムレット』のモデルとなった「古城の地下牢」

クロンボー城(デンマーク)

## シェイクスピアが惹かれた名城

世界遺産のなかには、イギリスの劇作家シェイクスピアゆかりの場所がある。
それは、デンマークの首都コペンハーゲンから北へ約四五キロの港湾都市ヘルシンオアにある「クロンボー城」。

一六世紀に建てられたこの古城は、シェイクスピアの戯曲『ハムレット』の舞台として知られている。地元の人々はヘルシンオアを「エルシノア」と呼んでおり、**『ハムレット』でも「エルシノア城」という城が登場する**のだ。毎年夏には城の中庭でシェイクスピアの野外劇が上演され、多くの観光客を集める。

歴史をさかのぼると、もともとは海峡通行税を徴収するためにつくられ、城というより砦だった。しかし一六世紀後半、大規模な城塞に改築され、わずか四キロ先に位置するスウェーデンに対する守りの要となった。

『ハムレット』の舞台として知られるクロンボー城にさまよう亡霊とは

一六二九年の火災で焼失したのちも、ルネサンス様式を加味して再建され、北欧屈指の名城として名をはせた。

敵の攻撃を防ごうとする威嚇的なオーラと、ルネッサンスの華やかさ。両者がなすアンバランスな雰囲気がクロンボー城の大きな魅力のひとつで、二〇〇〇年に世界遺産に登録された。

じつは、そんな古城には**二つの謎**が伝えられている。

**ひとつは地下牢に置かれた巨大な石像、もうひとつは王妃の幽霊**である。

## 地下牢で眠る英雄

まず地下牢の石像の謎。

西翼にある薄暗い地下牢へ足を進めると、

入口付近に大きな石像があらわれる。

椅子に腰を掛け、腕を組み、足を交差させ、目を閉じながらも、左手には剣を握りしめている。

石像の正体は、ホルガー・ダンスクという名の騎士。スペインとの戦争でデンマークを勝利に導き、現在もデンマークの国民的英雄とみなされている人物だ。国に危険が生じれば、彼がすぐに立ち上がって災厄から救ってくれるという。

なぜ、その偉大な人物の石像が地下牢に置かれているのか。その理由は明らかにされていない。

**いざというときの〝秘密兵器〟**とみなされているとか、あるいは来るべき戦いに備えて英気を養っているとかいわれているが、真相は不明である。いずれにせよ、頼もしい存在であることに変わりはない。だがやはり気になる謎だ。

## いまもさまようデンマーク王妃の亡霊

もうひとつの謎である王妃の幽霊とは、一八世紀のデンマーク王妃マチルダの亡霊が地下牢をさまよっているというもの。

デンマーク王クリスチャン七世に嫁いだマチルダは、王が利己的で自分を大切に扱

クロンボー城の地下牢入口に立つ英雄の像。顔を覗くと目を開いて睨まれるという

ってくれないことから寂しさを覚え、ドイツ人医師と不倫関係に陥る。**不倫がばれると地下牢に幽閉され、王から離婚を突きつけられて城を追い出された。**

その後、マチルダは二三歳の若さで伝染病にかかり亡くなるが、すぐに彼女の幽霊の噂が城内でささやかれるようになったのだ。

「神さま、もっと光をください――」。そんな悲痛な声が聞こえてきそうだ。マチルダは亡霊となって城に戻るも、いまだ地下牢に閉じ込められているようだ。

クロンボー城の地下牢を見学した観光客の間では、**悲しげな王妃の声を聞いたという報告が後を絶たない。**王妃を地下牢から救い出す手はあるのだろうか。

# 「姫路城」のてっぺんに謎の小屋がある

## 白いサギが翼を広げたような城

真っ白な美しい姿が人気の「姫路城」。

白漆喰《しっくい》の外壁と千鳥破風《ちどりはふ》・唐破風《からはふ》の屋根が織りなす姿は、白いサギが翼を広げたように見えることから**「白鷺城《しらさぎじょう》」**とも呼ばれ、一九九三（平成五）年に**法隆寺**（42ページ参照）**などとともに日本初の世界遺産に登録**された。

二〇一五（平成二七）年には約五年半にわたる「平成の大修理」が終わり、外国人観光客の増加もあって、年間二〇〇万人以上の入場者を集めている。

その歴史を振り返ると、一三四六（貞和《じょうわ》二）年、南北朝時代の武将・赤松貞範《さだのり》によって創建されたと伝わる。戦国時代には豊臣秀吉が中国征伐の拠点として位置づけ、一五八〇（天正《てんしょう》八）年に三層の天守閣を築いた。

そして一六〇〇（慶長《けいちょう》五）年、関ヶ原の戦いで徳川家康率いる東軍が勝利すると、

秀吉をも恐れさせた姫路城の呪い

戦《いくさ》で手柄を立てた池田輝政《てるまさ》が城主となり、約八年をかけて大規模な改修を実施。

それ以来、姫路城の城郭はほとんど損なわれず、四〇〇年前の姿を今に伝えてきた。

しかしながら、姫路城は美しいだけの城ではない。**多くの〝怪奇現象〟が語り継がれる日本有数のミステリースポット**でもあるのだ。

## 戦国時代からの怪奇現象

**とくに恐ろしいのが、天守閣に鎮座する長壁《おさかべ》神社にまつわるミステリー**だ。なぜ、そんなところに神社があるのか――。

それは怨霊の祟《たた》りを鎮めるためだった。

じつは、怨霊の存在は豊臣秀吉が入城した頃から知られていたという。

ただならぬ雰囲気を察した秀吉が、祈禱によって退治させようと修験道《しゅげんどう》の祈禱師に調伏《ちょうぶく》を依頼したところ、謎の女があらわれ、「この地は古《いにしえ》より我らが棲《す》む。そこに城を建てたゆえ、祟りをなす」との言葉を残して消えた。

さらに天守を建てるために五輪塔を撤去する工事の前夜、秀吉の枕元に再び女が立ったという。

それでも秀吉は撤去工事を決行し、天守閣を築き上げる。その一方で、五輪塔について調べると、南北朝時代の武将高師直《こうのもろなお》の女房、小刑部《おさかべ》姫の墓であるらしいことが判明した。

怨霊の祟りと思われる怪奇現象は池田輝政の入城後、ますます激しくなる。**台所に人の腕が置かれていたり、三メートルはあろうかという法師があらわれて人を投げ殺したり、午前零時に太鼓を打った者が鬼に殺されたり**……常識では考えられないような騒動がいくつも記録されている。

そして一六〇九（慶長一四）年、池田輝政のもとに一通の手紙が届く。その手紙には、輝政と夫人に遠江《とおとうみ》の天神の呪いがかけられているから、城の鬼門に八天塔を建てて祈禱するように、という内容が書かれていた。

当時は小刑部姫が怨霊の正体と考えられており、輝政は刑部《おさかべ》大明神を城内に迎え、

姫路城にあらわれるという小刑部姫の怨霊。それを知った城主たちは……

祟りを抑えようとしていた。そこに遠江の天神の呪いなどといわれたため、輝政は大混乱。そのうち輝政は脳梗塞で倒れてしまう。

輝政は**怨霊の祟りを鎮めるため、八天塔を建立したり、高僧を招いて一週間休みなく祈禱を行なわせたりした**。

その結果、輝政の病状は一時的に回復する。しかし、呪いには勝てなかったようで、一六一三（慶長一八）年に病死。その後、輝政の子どもたちも相次いで亡くなった。

恐るべき姫路城の怨霊。

のちの城主は天守閣に小刑部姫を祀る長壁神社を建て、祟りを鎮めようとした。姫路城の天守閣に鎮座する謎の神社には、このような歴史があったのだ。

# 4章

# 「古代遺跡」は何を語っているのか

イースター島のモアイ、ポンペイ、エアーズロック、兵馬俑……

# 六〇〇〇体を超える「兵馬俑」たちが見ているもの

秦の始皇帝陵（中国）

## 偶然に見つかった「世紀の大発見」

世界の考古学史上、「二〇世紀最大の発見」と称される世界遺産がある。

中国の「兵馬俑《へいばよう》」だ。驚くことに、つくられてからそれまで**二〇〇〇年以上もの間、人目にふれることなく地下に眠っていた**のである。

この世紀の大発見は、ある日偶然起こった。

一九七四年、農民が井戸を掘っていたところ、陶器製の人形を掘り当てたのだ。その人形は等身大で、武器を身につけていた。

それをきっかけに大規模な発掘調査が行なわれると、野球場や陸上競技場のグランドの面積とほぼ同じ大きさの、東西二三〇メートル、南北六二メートル、深さ五メートルという巨大な坑（一号坑）のなかから、約六〇〇〇体の陶製人形（兵馬俑）が発見されたのである。

兵馬俑をつくらせた秦の始皇帝の狙いは?

その後、二号坑と三号坑も見つかり、一号坑から三号坑の総数が約八〇〇〇体にも達した。

一九八七年には世界遺産に登録されている。

なお、兵馬俑の「俑」は死者を守るために一緒に埋葬される人形を意味する。

この**兵馬俑は、中国最初の統一国家・秦の始皇帝のための副葬品。**

たった一人の人物のために、これほどスケールの大きなものがつくられたわけだから、始皇帝という王の偉大さがうかがい知れる。

ちなみに、この始皇帝の陵墓自体は、兵馬俑から約一・五キロメートル離れた場所にある。

不老不死を望んでいた始皇帝は、即位した翌年の前二四七年から自分の陵墓の建設を開始。

亡くなったときは未完成だったが、息子が建設事業を引き継ぎ、三七年の年月と七〇万人の工夫を動員して、前二〇九年にほぼ完成したとされる。

ただし、この陵墓は工事の危険性や遺跡の保護を理由に発掘が行なわれておらず、全容は謎に包まれているのだ。

## なぜみな東を向いている?

一方、兵馬俑は、発見後に調査が進んだが、いくつかの謎が浮上することになった。最大の謎は、兵士たちの並び方である。

**兵馬俑の兵士は一つひとつ異なる表情をしていて、等身大**ということもあり、いまにも動き出しそうなほどリアルにつくられている。実在の人間をモデルにしたとしか思えない精微さだ。

そして、みな東の方向を向いて整列している。ある意味、それだけの多くの人間ににらまれているようで、不気味な光景だ。

それにしても、なぜ東向きなのか。

始皇帝陵の中核をなすこの一帯に、兵馬俑は2000年以上埋められていた

一説には、敵の見張りではないかといわれている。

始皇帝が征服した六つの国は、秦の東方に位置していた。

これらの国が襲撃してこないように、兵士たちを東に向けて見張らせたというのである。

また、中国の東にある日本を向いているとの説も興味深い。

じつは**始皇帝は常々「不老不死」を望んでおり、不老長寿の薬があると伝わる日本に向けて、たびたび使いを送っていた。**

司馬遷《しばせん》による歴史書『史記』によると、始皇帝に仕えていた徐福という人物が三〇〇〇人を従えて日本へ旅立った。しかし、徐福は日本で王となり、秦へ戻らなかったという。

この『史記』の徐福伝説は明らかな創作と思われるにしても、始皇帝が日本に興味を持っていたことはたしからしい。

結局、始皇帝は不老長寿の薬を手に入れられずに亡くなってしまう。そのため、始皇帝は死後も東を向いて埋葬され、彼を取り囲む兵士たちも東を向けさせたと考えられているのである。

しかし、この説も検証されたわけではなく、推察にすぎない。兵士たちが東を向いている理由はいまも謎のままなのだ……。

## 兵馬俑づくりはギリシャ人が教えた!?

現在も兵馬俑の調査は続けられており、それによってさまざまなことが判明している。

最近では、とくに二〇一六年の新たな発見は大きな注目を集めた。

副葬品は、兵士や馬などをかたどったものが有名だが、じつはそれだけではない。芸人をかたどった雑技俑《ざつぎよう》や青銅製の鴨や鶴などがモチーフになっている像もある。なんと、それらの像がギリシャの影響を受けているというのだ。

6000体もの歩兵がいっせいに見つめる先は日本だった!?

この新発見を裏づけるように、中国北西部にある遺跡で出土した人骨から、ヨーロッパ系のDNAが確認されたという情報も入っている。

こうした状況から、秦の時代の中国にギリシャの芸術家がやってきて、この地に自国の文化を伝えた可能性が考えられる。

それが兵馬俑に反映されているとすれば、ギリシャ風の像があっても不思議はないのだ。

専門家によるこうした意見はまだ仮説にすぎないが、もし真相だとすると、世界遺産らしい世界規模でつくられた芸術作品ということになるだろう。

# イギリスの巨石遺跡「ストーンヘンジ」はかつてこう使われていた

ストーンヘンジ、エーヴベリーと関連する遺跡群（イギリス）

## 魔女が巨石を運んだのか

世界には、現代の最先端技術を超越するような不思議な遺跡が存在する。

その代表ともいえるのが、イギリス南部、ソールズベリーの大平原に広がる巨石遺跡「ストーンヘンジ」だ。「ストーンサークル（環状列石）」を持つこの謎の遺跡は、紀元前三一〇〇～紀元前一一〇〇年につくられたとみられる。

その概要は圧巻。

**上空から見ると、この巨大な環状列石の直径は約三〇メートル**もあるのだ。

高さ約四・五メートル（二階建て家屋に相当）、重さ約二五トンもの巨大な石柱三〇個が円を描くように並び、その上にはなんと約七トンもの巨石が横たわる。石材は地元で採れた「サーセン石」と、なぜか約二二〇キロメートルも離れたウェールズ産の「ブルーストーン」が使われている。

数十トンもの巨石が円形に並ぶストーンヘンジ――誰が？　何のために？

しかも興味深いのは、この地域で世界遺産に登録されているのが、このストーンヘンジだけではないということ。

三〇キロメートル北には、ヨーロッパの環状列石のなかでは最大の「エーヴベリー」があるのだ。外円の直径が約三三〇メートルで、内側の円と合わせて一八〇ほどの立石が並ぶ。

じつは、**魔女狩りが行なわれていた中世には、「呪われた巨石」と呼ばれていた。**夜になると悪魔の首領ベルゼブブと魔女がここにあらわれ、恐ろしい宴を繰り広げているというのだ。

そのため、エーヴベリーの住民は決して近づこうとせず、巨石を砕こうと計画した住民のひとりは、石の破片に押しつぶされて亡くなったこともあると伝わる。

## ストーンサークルは宇宙とつながっていた⁉

スケールが大きく謎めいたこれらの巨石遺跡群のなかで、最大のミステリーといえば、ストーンヘンジの建造目的がいまだに解明されていないことである。

その謎については、これまでに多くの憶測や説が唱えられてきた。

たとえば、『アーサー王伝説』のなかでは、魔法使いがアイルランドから運んだ巨石ということになっている。近世には古代ローマ人の神殿やドルイド僧の神殿という説が唱えられた。

ちなみに、ドルイドとは、古代のブリテン島（イギリス本島）に暮らしていたケルト人たちの祭祀を執り行なう僧侶を意味する。

そして現代になると、驚きの新説が浮上する。ここは天文観測所だった可能性が高いというのだ。

アメリカの宇宙物理学者ジェラルド・S・ホーキンスが一九六三年に発表した論文によると、特定の二点の巨石を結ぶ直線を延長すると、それが春分・秋分、夏至、冬至の日の太陽と月の出入りの方角を示すという。

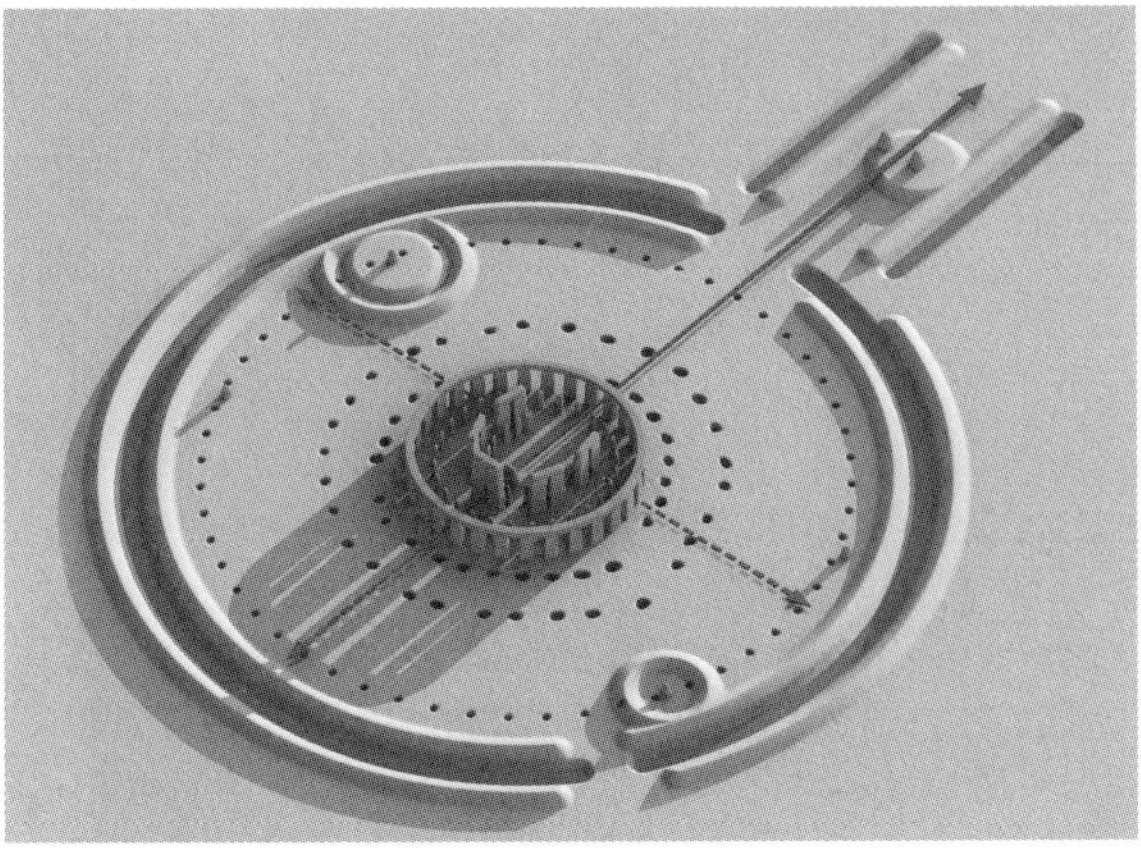

ストーンヘンジの石の並びを再現すると、ある方角を示すという

また、一六六六年に考古学者ジョン・オーブリーが発見した、ストーンヘンジの外側に並ぶ五六個の穴「オーブリーの穴」の円周上にある四つの石を直線で結んでできた長方形が、観測位置を規定していたともいう。

この五六という数字は月食現象の五六周期と一致しており、月の運行までをも観測していた可能性があるとの見解も出された。

これが本当だとすれば、古代にブリテン島に住んでいた民は、高度な天文学的知識を持っていたことになる。

## 発掘された人骨が語る真実

「天文観測所説」はやがて定説となったが、近年、周囲の発掘調査が進むにつれて否定的な意見も大きくなってきている。

年代測定法により、ストーンヘンジは当初、八〇個ほどのブルーストーンだけで構成されていたことがわかった。

これにより、約二二〇キロメートルも離れた遠隔地からわざわざ運んできた**ブルーストーンは、どうやら「癒しの石」として崇められていた**ものらしいと推測された。

そこから、イギリス・ボーンマス大学の研究グループは、二〇〇八年にストーンヘンジは石の治癒力を求める人々の巡礼地だった可能性があると結論づけたのだ。

じつは少し前の二〇〇二年、ストーンヘンジから約五キロメートル南東のエームズベリーにある二基の墓から新しい発見がなされていた。

その墓に埋葬されていたのは、紀元前二五〇〇～紀元前二三〇〇年頃の中年男性と若者。中年男性は歩くこともままならないほど片脚を著しく損傷しており、副葬品のなかに射手の腕輪があったことから、「エームズベリーの射手」と名づけられた。

このエームズベリーの射手の出身を調べるため、歯のエナメル質の化学組成を分析した結果、驚くべき事実が判明する。**この遺骨の男性はイギリスではなく、現在のスイスとドイツの国境あたり、アルプス山脈の麓《ふもと》の出身であった**のだ。

なぜ、そのような遠い場所からやってきたのか。当初は多くの学者が頭を悩ませた

イギリスから遠く離れたアルプス出身の男性の骨（写真Richard Avery）

が、ストーンヘンジが病気やケガを治す「癒しの場」として信仰され、ヨーロッパ各地から人々が渡ってきていたとすれば納得がいく。

周辺からは、エームズベリーの射手だけでなく、ほかにも重症体や体に先天的な異常があったように思われる人骨が出土している。

ストーンヘンジは、**癒しを行なう病院のような役割の場所だった**のかもしれない。

いつの時代も、健康を取り戻したい、元気になりたいという人間の思いの強さには驚かされる。

それにしても、どうやって数多くのブルーストーンを運んできたというのか……。謎はまだまだ続く。

# イースター島の「モアイ像」が物語る〝人類の歴史〟

ラパ・ヌイ国立公園（チリ）



## 外界と隔絶された独自の文化

「モアイ像」と聞けば、すぐにあの独特の顔を思い浮かべることだろう。もちろん、世界遺産である。

厳密には、モアイ像のある「イースター島」（英語名）が、「ラパ・ヌイ国立公園」として、一九九五年に世界遺産に登録されている。

南米・チリの海岸から太平洋を西へおよそ三七〇〇キロメートル（ちなみに、東京から小笠原諸島までの距離は約一〇〇〇キロメートル）沖合にあるラパ・ヌイ島。ラパ・ヌイとは現地名で「輝ける偉大な島」を意味する。

ラパ・ヌイ島はもっとも近い有人島であるピトケアン島までが、約二〇〇〇キロメートルも離れた絶海の孤島。**四世紀頃に人間が住みはじめてから一八世紀にヨーロッパ人に発見されるまで、外部からの影響をまったく受けなかったため、**独自の文化が

モアイ像の製造現場。ここで彫られた像が自ら歩いて行った!?

育まれることになった。

それを象徴するのがモアイ像なのである。つくったのは、「長耳族」と「短耳族」だといわれている。

長耳族は四世紀に島にわたってきた民族で、耳たぶの穴から重りをさげて耳を長く見せていた。彼らは祖先や王、戦士を祀《まつ》る石積みの祭壇をつくる習慣に従い、六世紀頃からモアイ像の製作を開始、やがて像を巨大化させていった。

その後、一二世紀頃に短耳族が移住してくると、長耳族とともに二〇〇年ほどモアイ像をつくり続けた。

しかし、一六世紀には両民族の対立が激化。長耳族に代わって支配層になった短耳族は、像をことごとく引き倒した。現在、多くのモアイ像が倒れているのは当時の争いの名残なのだ。

八六七体あるといわれるモアイ像は、小さいもので高さ約二メートル、大きいものになると二〇メートルほどにもなる。マンションだと、六階くらいの高さだ。

材料は、島の東に位置するラノ・ララク火山周辺で採れる柔らかい凝灰岩。つくり方は、まず、火口付近の石切場で石斧を使って顔や胴体を彫っていき、すべて彫り終えたら背面部を岩から切り離すという流れだ。

そして完成したモアイ像は島の各地へ運ばれ、あらかじめ掘り出していた穴にあてがって立てられた。

## モアイ像が立ったまま動く？

**モアイ像の製作方法はわかっても、大きな謎が残された。運搬方法が長らくわからなかったのだ。**

巨大な石像を、当時の人々はどのような方法で運んだのだろうか。

ラパ・ヌイ島の住民によると、**モアイ像は「マナ」と呼ばれる力によって自ら歩いていったというが、**もちろんこれは伝承にすぎない。

木製のコロに乗せて運んだとか、芋類を道に置いて、その上を滑らせながら運んだといった説も唱えられた。しかし、島では木材はあまりとれないから前者は考えにくく、食糧不足に悩まされがちであった島の状況を考慮すると後者も排除される。

そうしたなか、ノルウェーの文化人類学者トール・ヘイエルダールが唱え、有力視されるようになったのがロープを使ったとする説である。

これは、島に生えているツルで編んだロープで石像を巻き、ロープの端を支えながら、反対側からロープを引っ張るという方法。このやり方を用いると、**石像は立ったままの状態で回転しながら半円を描くように進んでいく。**

実際、近年に行なわれた実験では、一八人で三本のロープを使い、重さ五トンの石像を運ぶことに成功している。

ロープによって運ばれるモアイ像を遠くから見ると、像が自ら歩いているようにも見える。

島の住民はそれを「マナ」の力によるものと信じたのかもしれない。できることなら、実際に見てみたいものだ。

# 「ポンペイの遺跡」から発掘された不思議な物体

ポンペイ、エルコラーノ及びトッレ・アヌンツィアータの遺跡地域(イタリア)



## 時が止まったかのような遺体

風光明媚な観光地として知られるイタリア・ナポリ。その南東約二〇キロに、「幻の都市」と称される世界遺産がある。

それは、「ポンペイ」の遺跡。

神殿や円形劇場、競技場、公共浴場などを備えたローマ帝国時代の都市遺跡で、最盛期には二万人の人々が先進的な生活を送っていた。当時は、貴族たちの保養地としても人気が高かった。

しかし、その存在は歴史の表舞台から忽然《こつぜん》と消えてしまう。一七六三年に本格的な発掘が始まるまで、なんと一七〇〇年近くもの間、忘れられていたのだ。

発掘が進むにつれて、信じられないような不思議な遺体が次々と発見された。

**最初に見つかったのは金、銀貨を握りしめたまま亡くなっていた遺体**である。ほかにも、抱き合った恋人たちの遺体、座り込んで顔を手で隠していた人の遺体、クサリでつながれながら逃げようとしていた犬の死骸なども見つかった。どの亡骸《なきがら》も誰かに攻撃されて殺されたわけでも伝染病で最期の時を迎えたわけでもない。

**突然、時が止まりタイムカプセルとして瞬間保存されたかのような光景**だった。なぜか。

それは、火山の噴火によって一瞬で町が滅びてしまったからである。

## 町がそのまま火山灰に埋もれて……

七九年八月二四日、ポンペイの近くにあるベスビオ山が大規模な噴火を起こした。噴き上げられた火柱は約四〇キロ上空にまで達し、二〇キロ以上離れたところからでも確認できた。爆発の威力は広島に落とされた原爆の一〇万倍に相当したともいう。

この噴火を目にした人々は、あまりの恐怖に打ち震えたに違いない。

火山灰の影響であたりは真っ暗になり、高温の硫黄臭いガスが町中に立ち込めていく。さらに火山灰の重みで家がつぶれ、その下敷きになる人もたくさんいた。走っていも逃げられないほど地面が激しく揺れ、海へ避難しようとしても潮が引いてしまっているため海岸がやたらと遠い。

さらに悲劇は続き、火山活動は翌日も火砕流が怒濤《どとう》のごとく押し寄せ、ポンペイの防壁の外側のあらゆるものを飲み込んだ。

ついで火山ガスと火山灰からなる火砕サージと呼ばれる現象も発生。火砕流に似た火砕サージは火口から時速三〇〇キロ近くのスピードで町を襲い、有毒ガスにより多くの人々を窒息死させた。

また、強い熱により手足がミイラ化したり内臓が収縮して死亡する人も多数いた。

そして噴火が終わると、町は五メートルから八メートルもある白い火山灰の中に埋もれていた。

結局、**逃げ遅れた人の数は二〇〇〇人以上。彼らはみな火山灰に埋もれることになった**のである。

## 悲劇をいまに伝えているのか

時のローマ皇帝は復旧を試みたが上手くいかず、いつしか人々の記憶からポンペイの存在は忘れ去られていく。

しかし、幸運というべきか皮肉というべきか、火山灰が乾燥剤の役目をし、街や遺体の劣化を防いでいた。

背景に見えるベスビオ山の噴火によって灰に埋もれたというポンペイの遺跡

そのため、発掘が進むと、約一七〇〇年前の街並みや生活のようすがはっきりとうかがえた。

たとえば、壁画に描かれた恋文や「猛犬注意」の警告文、さらに選挙ポスターの推薦文まで読み取ることができた。**かまどに入ったままのパン、鍋に入ったままの肉、居酒屋のカウンターに置かれた小銭なども見つかっている。**

また、火山灰に埋もれた遺体の中は空洞になっており、そこに石膏を流し込むと人型となった。これにより、それぞれの最期の姿が再現されたのである。

歴史に残る被災地は、かつての悲劇のリアルな姿をいまに伝えているのだ。

# 教科書には出てこなかった「インダス文明」の謎

モヘンジョダロの遺跡群(パキスタン)

## 「死の丘」と呼ばれる都市

学生の頃、歴史の授業で習った「世界四大文明」。エジプト文明、メソポタミア文明、黄河文明、そして「インダス文明」である。いまとなると懐かしい響きのような気もするが、世界遺産に登録されている遺跡も多い。

紀元前二六〇〇年頃から前一八〇〇年頃まで栄えたインダス文明の最大最古の都市遺跡、現在のパキスタンから西インドに広がる「モヘンジョダロ」もそのひとつだ。

**モヘンジョダロの名は現地の言葉で「死の丘」を意味し、地元の人々は決して足を踏み入れようとしなかった**といわれる。しかし、一九二〇年代にインド人考古学者によって発見されると、都市としての先進性が多くの人々を驚かせることになった。

たとえば、類を見ないほどしっかりした都市計画である。東西南北に五、六本の大通りが走り、街区は細い路地で碁盤の目状に整然と区分されている。レンガづくりの

驚くほど高度な技術でつくられたインダス文明の先進都市モヘンジョダロ

建造物が並び、その内側は日干しレンガ、水気の多い浴場は窯焼きレンガなどと規格化。さらにダストシュート、水洗トイレ、マンホールなども備わった衛生的な都市だった。

一方、**一般的な都市遺跡に多い、宮殿、寺院、王墓といった権威的な建築物は見当たらず、会議場、学校、大浴場、穀物倉庫などが多い**ことから、民主的で平等な市民生活が営まれていたこともわかった。

一九八〇年に世界遺産に登録され、現在も発掘調査が進められているが、この古代の都市遺跡には大きな謎が秘められている。じつは、滅亡の原因がはっきりとわかっていないのだ。

これほどの文明をもった都市が消え去っ

た理由はいったい何なのか。

## なぜ"環境"は破壊されてしまったのか

一説には、環境破壊が原因ではないかといわれている。

モヘンジョダロが栄えた時代、この地域の気候は現在よりも穏やかで、一帯は穀倉地帯になっていたと考えられている。しかし人口が増え、都市の規模が大きくなると、より多くのレンガが必要になり、レンガ製造の燃料となる森林の伐採量が増加。その結果、砂漠化が進み、地中から塩分が染み出してきて、作物が育たなくなってしまい、食糧不足に見舞われた可能性があるというのだ。

さらにセンセーショナルな説がある。核戦争が起こったというのだ。

古代インドの叙事詩『ラーマーヤナ』や『マハーバーラタ』には、核戦争をイメージさせる記述がみられる。たとえば、**「古代インドの戦争では太陽を一万個集めたくらい明るい兵器が使われた」**とか、「水が蒸発して生き物も焼けた」、「死者の体は見分けがつかないほど焼けただれた」といった具合である。これはたしかに、核兵器によって攻撃された都市のようすを想起させる。

また、モヘンジョダロからはわずか四六体の人骨しか発掘されていないのだが、そ

遺跡からは「核戦争」を想起させる発掘物が!

の多くは一カ所にかたまり、折り重なるようにして倒れていた。やはり、想像を絶する何かが起こっていたことをにおわせる。

さらにもうひとつ、中心部から少し離れたところにある「ガラスの町」と呼ばれる区域では、高熱で溶かされてガラス化した石が黒光りしている。これと同じ現象が見られるのは砂漠の核実験場だけだという意見があるのだ。

そのほか、溶けてくっついたレンガや、ねじれてガラス状になった壺の破片も発見されている。

**はるか昔の古代、核戦争が起こっていた——**。にわかには信じがたいが、状況証拠を踏まえると、あながち荒唐無稽とはいい切れないのかもしれない。

# 宇宙人と「メキシコのピラミッド」

古代都市チチェン・イッツァ(メキシコ)



## 神が降臨する日に何が起こるのか

世界遺産「マチュ・ピチュ」(18ページ参照)で有名な「インカ文明」が南米で栄えた。一方、中米で花開いたのが、紀元前後から一六世紀頃まで栄えた「マヤ文明」である。

そのマヤ文明の象徴ともいえる世界遺産が、メキシコ・ユカタン半島北部に位置する遺跡「チチェン・イッツァ」だ。

もともとチチェン・イッツァは、マヤ人の手によって五世紀前半に築かれた都市であった。その後、八世紀初め頃にマヤ人がこの地を捨て去ると、メキシコ高原にいたトルテカ人が侵入して再建する。それによって、マヤ文明とトルテカ文明が混じり合った独特の景観を呈するようになった。

南側の遺跡はマヤ人のプウク様式で、北側の遺跡はトルテカ様式になっている。こ

メキシコのピラミッド「エル・カスティーヨ」。春分と秋分の日にあらわれる物体がある

のなかでとくに注目されるのが、北側に位置する巨大なピラミッド「エル・カスティーヨ」だ。

一九七四年、メキシコ人研究者によって、エル・カスティーヨに施された特別な仕掛けが発見された。

**毎年春分の日と秋分の日になると、ピラミッドの北面の階段の縁に、巨大な光のヘビが出現する**のである。

これは夕方、太陽が西へ傾いたときに起こる。ピラミッドの角にさえぎられて細長くなった日光が階段の縁にあたることにより、ギザギザの波模様が映し出されるのだ。

光はピラミッドの下部にあるヘビの頭像とつながって、輝く大蛇を形づくる。まるで神殿の上から大蛇が降りてきているように見えるのである。この光景は、**マヤ人が崇《あが》めた神「ククルカン」が降臨する姿**だとされる。そのため、ここはククルカンの神殿とも称される。

ククルカンは、羽毛の生えたヘビの姿をした人間や世界をつくった創造神であり、また農業の神でもあった。マヤ人はこのククルカンの降臨を宗教的儀式に用いたり、焼畑農耕をはじめる合図として使ったりしていたと考えられている。

それにしても、なぜマヤ人は先のような光の演出ができたのか。それはおそらく、彼らが高度な天文学的知識の持ち主だったからだろう。

## 高度すぎる天文学的知識

マヤ人は、中世のアメリカ大陸において天文学や暦、算術などをもっとも高レベルにまで発達させていた。

天文観測を行なったのは専業の天文学者ではなく、碑文の書記を兼ねた工芸家だと考えられている。工芸家が天文台をつくり、そこで太陽や星の動きを観察して、正確な暦をつくっていた。

**現代の観測による太陽年が三六五・二四二二日なのに対し、マヤ人の暦は三六五・二四二〇日。わずか数秒しか誤差がないほど、高い精度を誇っていた**のである。

マヤ文明の天文台遺跡。彼らは誰と交信をしていたのか!?

また、マヤ人は金星・地球・太陽の位置関係が一循環する周期を算出していた。現代の観測では五八三・九二日なのに対し、マヤ人の時代では五八四日と、こちらもわずかな誤差にとどまる。

それにしても、マヤ人はこうした天文学の知識をどのように獲得したのだろうか。肉眼だけで天体観測を行なうことができたのだろうか。

それが可能だったとしても、結論を導き出すためには高度なデータ処理能力や自然科学の知識が必要になり、それらを当時の人々が持ち合わせていたとは考えにくい。

一説によると、〝地球外の技術〟を移入したのではともいわれているが……。

# 「マヤ文明」滅亡――これが結論

ティカル国立公園(グアテマラ)

## なぜかジャングルの中に文明都市が

前項のように、高度な技術が広まっていたと考えられる「マヤ文明」には、ほかの古代文明と大きく異なる特徴がある。それは、その場所だ。

大規模な都市が築かれた古代文明は、みな大河の近くに発達した。ナイル川沿いのエジプト文明やチグリス・ユーフラテス川沿いのメソポタミア文明などの四大文明が好例だ。

これに対し、**マヤ文明が営まれたのは、大河がつくった肥《ひ》沃《よく》な平野ではなく、熱帯雨林のど真ん中。日光を遮《さえぎ》る巨木に囲まれ、農耕に適した場所とはいえない。**それればかりか毒へビやジャガーなど危険な動物も多く、都市を築くには厳しい。

そうした場所のなかに都市を築いた理由が、いまもはっきりと解明できない謎となっている。

マヤ文明のティカルの遺跡。映画『スター・ウォーズ』の撮影にも使われた

さらに、マヤ人が長らく金属や車輪を使っていなかったことも不可解だ。

**巨大な石造都市をつくるにあたり、彼らは石器しか使わずに石を切り出し、密林のなかを牛馬を使わずに人力で運んだ。**

そうした工事がどうして可能だったのか。これまた大きな謎である。

## 突如として滅びた原因とは

謎はこれだけにとどまらない。最大の謎といわれるのが滅亡の原因だ。

**高度に栄えたマヤ文明の諸都市は、みな同時期に突如として滅びている。**九世紀前後に起こったこの滅亡の原因はいまも謎のまま。

いったい何が起こったというのか。

外敵からの攻撃を受けて崩壊したという説や、通商ルートが崩壊したという説など、諸説ある。なかでもとくに有力とされているのが、環境破壊による食糧危機説だ。

八世紀、マヤの人々は都市を拡大するために熱帯雨林の伐採を続けた。その結果、むき出しになった表土が雨に押し流されてしまい、地力が減衰。作物はうまく育たなくなり、深刻な食糧危機が発生したという。**食糧危機に陥った都市の崩壊を示す証拠は、当時最大規模の都市であるティカルから発見されている。**

ティカルはグアテマラ共和国北部の都市遺跡。約三〇〇〇の建造物跡が残っており、周囲に広がる熱帯雨林とともに世界遺産に登録されている。このティカル近郊のアグアテカ遺跡において、アメリカのアリゾナ大学などの研究チームが、王や貴族の邸宅跡から、破壊された大量の土器片が出土した。

ティカル国立公園の責任者によると、これは、下層階級の人々が押し入り、破壊行為を行なった跡だという。高価な財物は持ち去られ、陶器の壺などのありふれたものは建物から投げ捨てて破壊されたらしい。大きな破片ばかりが目立つのは、そのあと建物は放棄されて誰も住まなかったことを示している。

**食糧不足に陥った下層階級の人々が暴動を起こし、王や貴族を襲ったのだろうか。**人間の本能というものは恐ろしい。

この高度な文明を滅ぼしたもっとも有力な説とは

## いま目の当たりにする「生贄の儀式」

古代都市テオティワカン（メキシコ）



### 南北アメリカ大陸最大の古代都市

メキシコの首都メキシコシティから北東約五〇キロメートル、標高二〇〇〇メートルの高地に、南北アメリカ大陸最大の古代都市「テオティワカン」がある。

テオティワカンとは「神々の集う場所」という意味。紀元前二世紀頃に誕生し、三世紀半ばの最盛期にはおよそ二三・五平方キロメートルの広大な敷地と、一〇万人とも二〇万人ともいわれる巨大な人口を抱える大規模都市へと発展した。

七世紀半ば頃に突然滅亡してしまったが、当時の都市遺跡が碁盤の目状に広がっており、一九八七年に世界遺産に登録されている。

テオティワカンを代表する建物は大きく三つ存在する。**「太陽のピラミッド」「月のピラミッド」「ケツァルコアトルの神殿」**である。

太陽のピラミッドは、テオティワカン最大の建物というだけでなく、世界でも最大

“死のピラミッド”があるメキシコ古代都市・テオティワカン

級のピラミッドとして知られる。高さは七四メートル（神殿を含む）。底辺は二二五メートル×二二二メートルと、圧倒的な大きさを誇り、頂上からの眺めは見事だ。

月のピラミッドは太陽のピラミッドよりも低い高さ四六メートルだが、より高台に建設されているために、二つのピラミッドの頂点はまったく同じ高さになる。

また、羽根の生えたヘビを模《かたど》った農耕の神、ケツァルコアトルの神殿は高さ二〇メートル。大きさは二つのピラミッドに及ばないが、この都市の王や神官が住まう重要な場所だったと考えられている。

二〇一七年、この三つの建物のうち月のピラミッドで重要な発見がなされた。**地下に謎のトンネルがつくられていた**ことがわかったのだ。

## ピラミッドの地下は「死の世界」とつながっている？

そのトンネルは地中一〇メートルほどの深さに位置しており、月のピラミッドから中央広場へと続いている。いまだ人の手による調査は行なわれていないが、電気信号を読み取る機器を用いた調査の結果、考古学者から、死後の世界を表現したものである可能性が指摘された。

その理由は二つある。

ひとつは、古代の信仰において、死後の世界は地下にあると考えられていたこと。もうひとつは、月のピラミッドが別名「死のピラミッド」と呼ばれていることである。

月のピラミッドは一度に完成した建物ではなく、七期の増築が確認されている。そのうち四期から六期にかけて生贄《いけにえ》埋葬墓がつくられており、そこから一九九八年に三七人の生贄体が発見された。

詳しく調べると、斬首された一七個の頭部と、一〇個の胴体に分けられる。いずれも豪奢な装飾品を身につけた状態で、オオカミ、ワシ、ジャガー、ピューマといった

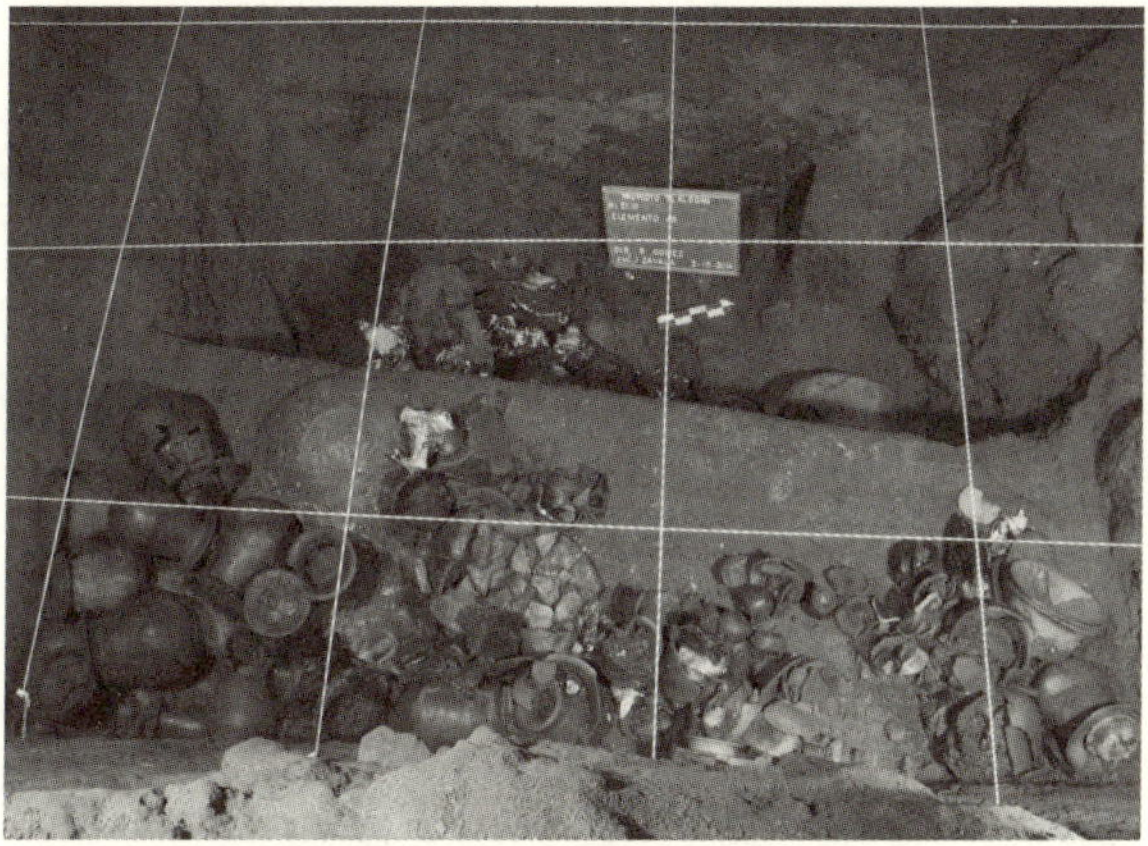

地下トンネルからは“生贄”たちが!?（写真INAH／ロイター／アフロ）

一〇〇体以上に及ぶ動物の生贄とともに埋葬されていた。

こうした発見から、**月のピラミッドは神に対して人を生贄として捧げる儀式に使われたとみなされ、「死のピラミッド」という名の由来となったのである。**

月のピラミッドにつながるトンネルが何のために使われていたのか、その用途は、はっきりしていない。

しかし、ほかにも、**ケツァルコアトルの神殿で後ろ手に縛られた人骨が一三三体も発見されたり、都市の中央を貫く「死者の大通り」から多くの遺体が発掘され**たりしている。

これらを考えると、「死」と何かしら関連づけたくなるのだが……。

# サハラ砂漠にあるのになぜ「水の豊富な土地」という名なのか

タッシリ・ナジェール(アルジェリア)



## 砂漠に広がる「黒い山脈」

見渡す限り「砂の大海原」が広がる、アフリカのサハラ砂漠。

この世界最大の砂漠の南部、リビアとの国境付近にタッシリ・ナジェールという台地状の山脈がある。長さ約九〇〇キロメートル、幅約五〇キロメートル、最高峰は二三三五メートルにも及び、頂上付近には葦《よし》のような形の奇岩が塔のように立ち並ぶ。それはまるで別の惑星に降り立ったかのような不思議な光景で、一九八二年に世界遺産に登録された。

そんなタッシリ・ナジェールのミステリーは、名前から始まる。**タッシリ・ナジェールとは現地語で「水の豊富な土地」という意味だが、どこを見渡しても水など一滴も見つからず、黒い岩山がそそり立つだけ。**このような土地に、なぜ「水の豊富な土地」という矛盾に満ちた名前がつけられたのだろうか。

この謎を解くヒントは「岩絵」にある。奇岩の岩陰に約二万点もの岩絵が隠されており、それらを読み解くと、かつての姿が明らかになるのだ。

## 岩絵が語るタッシリ・ナジュールのかつての姿

岩絵が発見された一九五〇年代から、本格的な調査が行なわれるようになる。そして調査の結果、岩絵は約一万年前から紀元前後まで、数千年にわたって描き続けられたものだと判明した。大きく六つの時代に分けられる。

前八〇〇〇年頃に描かれたとされる「バイソンの時代」の岩絵には、ウシ科の動物バイソンをはじめゾウやカバ、キリン、ゾウなどが描かれている。次の「円頭人物の時代」には動物たちと一緒に丸い頭の人物像が、続く「狩猟民の時代」には狩猟の民が獲物に接近している姿が描かれている。

さらに前四〇〇〇年頃から前二〇〇〇年頃の「ウシの時代」には放牧中とおぼしきウシの姿が、前二〇〇〇年頃から前一五〇〇年頃の「ウマの時代」にはウマの姿が描かれており、ラクダの姿が描かれた前一〇〇〇年頃の「ラクダの時代」をもって、岩絵は終わりを告げる。

じつはこれらの岩絵が刻んでいたのは、タッシリ・ナジェールの変遷だった。

つまり、**かつてこの地にはたっぷりの水があり、多くの動物が暮らしていたらしい**のである。実際、岩絵の周囲を掘り下げてみると、落差五〇〇メートルの滝の跡なども見つかっている。その名のとおり、まさに「水の豊富な土地」だったわけだ。

前八〇〇〇年頃は湿潤な大地で、当時の人々は狩猟や採集の生活を送っていた。前四〇〇〇年頃には牧畜が始まる。しかし、前二〇〇〇年頃から乾燥化し始めると、動物たちは草を求めて南下していったとみられ、岩絵からはゾウやサイ、バイソンなどの姿が消えていく。そして前一〇〇〇年頃にはほぼ砂漠化し、乾燥に強いラクダが登場するようになった。これがタッシリ・ナジェールの歴史なのである。

## 異星人が訪れていた⁉

岩絵はタッシリ・ナジェールの年代記を現代人に知らせたが、それと同時にもうひとつの謎を突きつけた。

**「白い巨人」や「火星の神」と呼ばれる奇妙な岩絵**があり、何を意味しているのかわからないのだ。

「白い巨人」は高さ三メートルもある巨大な人物像で、頭の両端には角のようなものが、また、両腕からも奇妙な突起物が出ている。顔には目も鼻も何も描かれていな

サハラ砂漠に残る古代の岩絵。かつてこの地に草をはむウシたちがいた

い。「火星の神」は頭部がまん丸で三角の模様があり、日のような二重の円が中心と左右に描かれている。さらに**宇宙服のようなものを着ていて、手袋や長靴を履いているように**も見える。まるで、〝宇宙人〟のようだ。

動物たちの岩絵が写実的に描かれていることを考えると、「白い巨人」と「火星の神」だけが例外とは考えにくい。

そこから、異星人が到来していたのではないか、という異星人説が唱えられたのだ。砂漠化の原因は、じつは古代の核戦争のせいであり、異星人は滅び去った都市を調べにきたとの説もある。

荒唐無稽な話に思えるが、この二つの岩絵を見ると、不思議と信じたくなるのだ。

# オーストラリアの「エアーズロック」がパワースポットとされる理由

ウルル-カタ・ジュタ国立公園(オーストラリア)

## 巨大な一枚岩の地下には……

オーストラリア中央の砂漠地帯に、「地球のへそ」と呼ばれる場所がある。正式名はウルルという。

先住民アボリジニの言葉で「日陰の場所」を意味する赤くて巨大な一枚岩だ。

ウルルが初耳の人でも、「エアーズロック」という名前は聞いたことがあるのではないだろうか。一八七三年、白人として初めてウルルを発見したイギリス人探検家が、当時の南オーストラリア首相ヘンリー・エアーズにちなんでエアーズロックと名づけた。

**その大きさは高さ約三四八メートル、周囲約九キロメートルに達する。東京ドームの約一〇〇倍にあたる**ことから、いかに巨大な岩かがわかる。しかも地下にはまだ岩全体の三分の二が埋まっており、一枚岩としては世界で二番目に大きい（世界一は西

アボリジニの聖地とされるエアーズロック——そのパワーの源は

オーストラリア州のマウント・オーガスタス)。

一九八七年には「ウルル-カタ・ジュタ国立公園」として世界遺産に登録され、近年は**世界有数の〝パワースポット〟**として多くの観光客を集めている。

しかし、二〇一九年一〇月から観光客向けの登山が禁止されてしまう。理由は、アボリジニの聖地だからだという。

## 六億年以上の歴史

古来、ウルルは**アボリジニの聖地として神聖視**されてきたが、その歴史はアボリジニの歴史よりもはるかに古く、六億年前にまでさかのぼる。

人類というより地球の歴史と深くかかわ

っているのだ。当時、一帯は海底だった。それが四億年前の地殻変動で山脈となり、長年にわたる風化と浸食で削られた結果、約七〇〇〇万年前に堅い部分がウルルとして残されることになった。

やがてウルルはアボリジニにとっての聖地となる。彼らは洞窟などで儀式を行ない、壁画を描いた。もっとも古いものは一〇〇〇万年前のもの。幾何学的な線画が多く、一見、何を描いたものなのかわからない。

それは、彼らの神話だったのである。

## アボリジニの神話「ドリーム・タイム」とは?

アボリジニは豊かな神話を持っている。たとえば「ドリーム・タイム」と呼ばれる**神話によると、ウルルは精霊たちによってつくられたと伝わる。**

精霊たちは創造主で、世界と人間のすべての営みを生み出した。ウルルは彼らが泥遊びをしているときにつくられた。その後、彼らはアティラという土地に向かって歩いていったという。

こうして精霊たちはオーストラリア大陸各地をまわり、世界を創造していく。彼らが通った道は網の目のように張り巡らされており、すべてウルルで交わるという。ウ

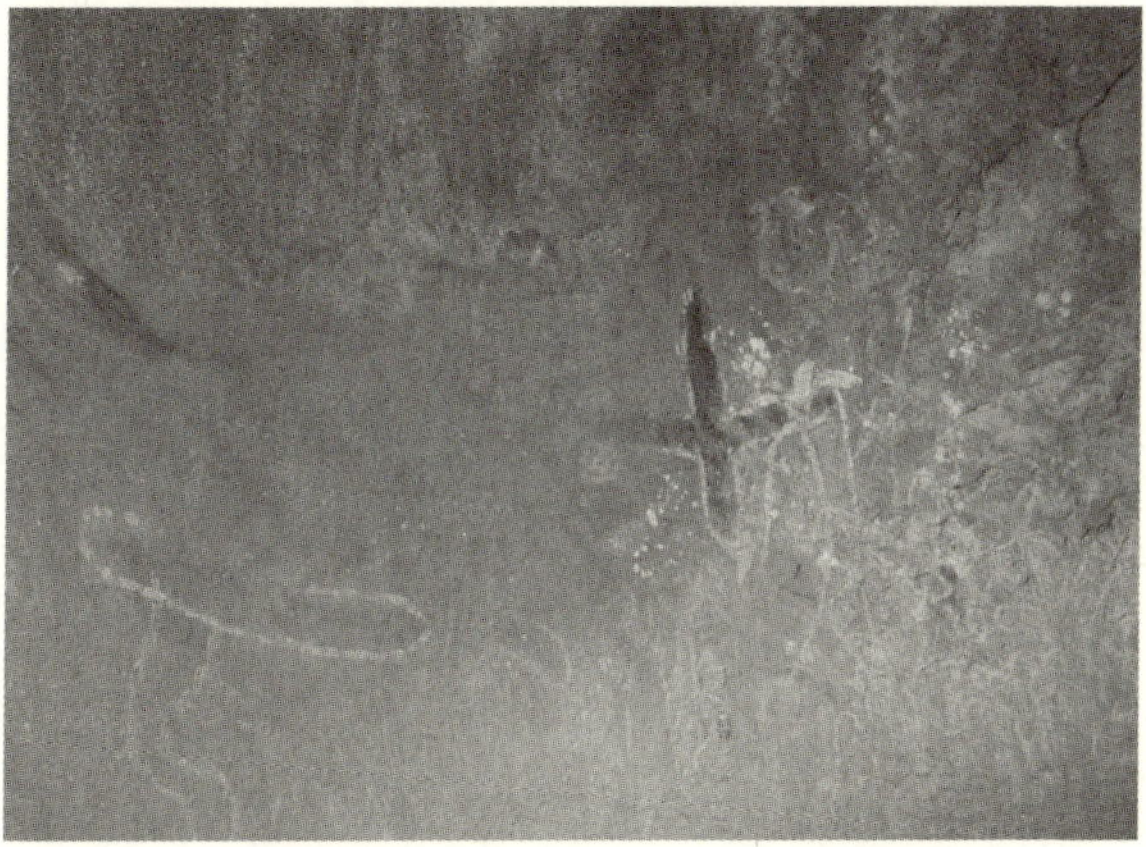

洞窟に刻まれた線画にウルル(エアーズロック)の秘密が隠されていた!?

ルルが神聖視される理由は、ここにもあるのだ。一説によると、精霊たちが通った道をたどると、砂漠のなかでも道に迷うことはないらしい。

また、ウルルで見られる岩の模様や亀裂、くぼみ、こぶなどは、すべて精霊たちが残したもので、それらは先祖の鼻、戦士の体、女性の顔などをあらわしているとされる。

外部の人間には理解しがたいが、アボリジニの精神世界は親から子へ、子から孫へと代々語り継がれている。

それほど重要なパワースポットだけに、アボリジニはこれまで登山禁止を呼びかけてきた。今回の禁止措置は、アボリジニの訴えがようやく認められた結果だったのである。

# 5章

# 歴史はまた、繰り返されようとしている

ダライ・ラマ、フィレンツェ、カッパドキア……

# 「ダライ・ラマの宮殿」で行なわれ続ける〝輪廻転生〟

ラサのポタラ宮歴史地区（中国）

## チベット仏教の中心地

ヒマラヤ山脈の北側に位置するチベット自治区。その区都ラサは、標高三七〇〇メートルという、富士山の頂上に匹敵する高地にある。

マルポリの丘に立つ政治と宗教の中心地ポタラ宮（現在は博物館）、チベット仏教の総本山である大昭寺（トゥルナン寺）、「宝の庭」を意味する夏の宮殿ノルブリンカ宮など、チベットの歴史や文化を象徴する建造物が多く残っており、一帯が歴史地区として世界遺産に登録されている。

とくに注目すべきは、ポタラ宮。**チベット仏教の最高指導者ダライ・ラマのための宮殿**だ。住居と玉座がある「白宮」と、大集会広間や歴代ダライ・ラマの遺骸を納めた霊塔のある「紅宮」に分かれ、内部の部屋数は約一〇〇〇以上に達する。

ご存じのようにチベットと中国政府との間には悲劇的な歴史があり、いまも外国人

歴代のダライ・ラマ誕生の"舞台裏"を見守ってきたチベットの宮殿ポタラ宮

が観光で旅行することは簡単ではない。しかし、これらの世界遺産に魅せられ、チベットに足を踏み入れる人は後を絶たない。

## 人は生まれ変わり続けるのか

そのチベットの象徴ともいうべきダライ・ラマは世界の指導者のなかでも独特である。というのも、現在のダライ・ラマは一四代目で、歴代すべて同一人物だとされているからだ。

**前任のダライ・ラマが亡くなると、その転生者《てんせいしゃ》（生まれ変わり）とされている人物が探し出され、次のダライ・ラマに就任するのである。**

にわかには信じがたい話だが、いったいどうやって転生した子どもを見つけるのだろうか。

現在のダライ・ラマ一四世のときは次のようになされた。

一九三三年にダライ・ラマ一三世が遷化《せんげ》（死去）すると、転生者を探すための委員会が設置された。彼らは一三世の遺体の向きや気象変化など、転生の予兆となりそうなものを綿密に記録する。

このとき**一三世の遺体は、もとは顔を南へ向けて安置されていたが、僧たちが気づいたときには北東を向いていた**という。

同時に高僧たちは転生者の手がかりを求めて瞑想を行なったり、一三世が生前に語った言葉などを吟味したりした。摂政のラデン・トゥルク五世が瞑想していると、A、Ka、Maというチベット文字に加え、家々などの風景が映像として浮かんできたという。

それをもとに捜索隊を派遣して徐々に捜索範囲を狭めていくと、ラサの北東部、アムド地方のとある農夫の家が転生者の居場所であることが判明した。そこは、瞑想中に浮かんだ場所にそっくりだったといわれる。

**この農家に住んでいた子どもは、なんと捜索隊の一行のなかにかつての一三世の弟子がいることに気づいた**。それればかりか、数多くの仏具を見せられたときも一三世の持ち物だけを選んだ。その場にいた誰もがその子を転生者だと確信し、彼はダライ・

オバマ大統領とダライ・ラマ14世。その魂は数百年生き続けているのか

ラマ一四世として育てられて現在に至るというわけだ。

チベット社会では、ダライ・ラマだけが転生者ではない。石濱裕美子著『ダライ・ラマと転生』によると、**僧侶のなかにも高僧からの転生者が二〇〇人ほどいる**という。たとえば、入没《にゅうぼつ》した元ギュメ管長ロプサン・ガワンの転生者も、二〇一三年にネパールのチベット人居留地から発見され、高位の仏僧として育てられている。転生者の両親いわく、少年が三歳のとき、本名は何かと問われると「ロプサン・ガワンだ」と答えることがあったという。

世のなかには科学的に説明のつかない出来事が多々ある。もしかしたら我々も、誰かの生まれ変わりなのかもしれない。

182

# 一七世紀の「ジェノヴァ」の港にあらわれた〝謎の怪人〟

ジェノヴァ（イタリア）

## 近世の面影残す北イタリアの港町

イタリアは、古代ローマ帝国の時代から栄えた国だけに、首都ローマだけではなく各地に歴史的な遺産が残る。

そのひとつ、北部の街「ジェノヴァ」は、リグリア海に面したイタリア最大の海運都市だ。**ルネサンス様式やバロック様式の邸宅が立ち並び、訪れた人はタイムスリップしたかのように感じる。**

中心街はガリバルディ通りを中心とする地区。イタリア語で「新街路」を意味する「ラ・ストラーダ・ヌオーヴァ」といい、一六世紀後半から一七世紀初頭にかけて、ほかのヨーロッパの都市に先駆けて行なわれた都市計画の事例として、二〇〇六年に世界遺産に登録された（世界遺産に登録されている「レ・ストラーデ・ヌオーヴェ」は、この通りとその他の二つの通りを合わせて複数形にしたもの）。

イタリア最大の海運都市ジェノヴァ――この港町で世にも奇妙な事件が!?

また、ジェノヴァでは一五七六年から行なわれている「パラッツィ・デイ・ロッリ制度」も注目に値する。

これは個人の住居を迎賓館の目録に登録し、外から訪れた賓客や名士などを個人の邸宅に泊める制度。個人宅を公共のネットワークで結んだ方法が価値ある交流を生んだと評価され、街並みと合わせて世界遺産となった。

## 公文書に残る事件

ジェノヴァの歴史を振り返ると、紀元前六世紀からギリシャ人が定住し、のちにローマ帝国の支配下に置かれると貿易の中継点となり、商業港や軍港へと発展した。

一一世紀からはヴェネツィアなどととも

に地中海交易で利をあげ、一六世紀にはジェノヴァ出身のコロンブスの寄付がきっかけで金融業を中心に発展を遂げていく。

このとき、ジェノヴァで財を成した者が著名な芸術家や建築家を誘致したことから、現在のルネサンス様式やバロック様式の壮麗な街並みができあがったのである。

そうしたなか、最盛期といえる一七世紀に常識では考えられない〝ミステリアスな事件〟が発生した。

なんとウロコで覆われた謎の怪人があらわれたのである。幻視などではない。フランス・ニースの公文書館所蔵の歴史年代記にも記録されている史実なのだ。怪人の正体はいったい？

その**記録によると、一六〇八年八月初旬、ジェノヴァの港に「人間の姿をしているが、腕はウロコで覆われ、手には腕に巻きつく恐ろしい空飛ぶヘビを握っている」生物があらわれた。**まさに怪人と呼ぶにふさわしい姿だ。しかも怪人は一匹だけではなく、女性のような顔の者や、竜の頭の者もいた。そして大きな叫び声をあげながら、海面から出たり入ったりしていたという。

怪人が海で暴れる光景を見て、人々は戦慄《せんりつ》を覚え、軍隊が海岸に砲列をつくり、八〇〇発もの砲撃を行なったが、まるで効かない。その後、怪人はそのまま海の底へ消えていったそうだ……。

## UFOを伴って再びあらわる!?

驚くことに、この正体不明の怪人の襲来は、一度では終わらなかった。八月一五日、再び港に姿をあらわす。彼らは「六匹の燃え上がる竜に似た姿のものに牽《ひ》かれた三台の馬車」を伴ってやってきたのだ。

前回同様、大きな叫び声をあげ、最後は海のなかへ消えていった。そして直後、その一帯からフランスのプロヴァンス地方にかけて、〝血の雨〟が降ったという。

この謎の怪人と馬車は何だったのであろうか。血の雨は何を示すのか。

二度目の出現以降、怪人があらわれたという記録はない。しかし、**一部の研究者たちは怪人を地球外生命体だととらえている。そして三台の馬車は、彼らが乗るＵＦＯではないかというの**だ。

にわかには信じがたいが、先述のように、この事件は歴史年代記に記されている、れっきとした史実である。地球外生命体かどうかは置いておくとしても、謎だらけの奇妙な事件が当時のジェノヴァで起きたことはたしかなようだ。

# トルコ「カッパドキア」の巨大地下都市は"核シェルター"!?

ギョレメ国立公園とカッパドキアの岩窟群（トルコ）



## 地質と修道士がつくりあげた奇観

トルコ中部・アナトリア平原にある「カッパドキア」には、なんとも異様な景色が広がっている。突起状になった小さな岩山が二〇〇〇平方キロメートル（東京ドーム四〇〇〇個以上入る広さ）にわたって林立しているのだ。

**ドーム型や尖塔《せんとう》型、キノコ型、ピラミッド型、オベリスク型などさまざまな形があり、これぞまさに奇観**というべき光景である。一九八五年、「ギョレメ国立公園とカッパドキアの岩窟群」として世界遺産に登録された。この地の風景は、誰がいったい何のためにつくったのか……。

しかし、その謎は解決ずみだ。六〇〇〇万年前、付近の二つの火山が爆発し、噴出した溶岩が一帯を覆いつくす。やがて溶岩は柔らかい凝灰岩となり、雨や風、あるいは川によって浸食されていく。その結果、奇岩が連なる独特の風景が生まれた。

カッパドキアの奇岩が生まれた謎はついに解決した

すなわち、この奇観は長い年月をかけてつくられた大自然の産物なのである。

ただし、世界遺産として認められたのは、ユニークな岩山が織りなす景観だけが理由ではない。キリスト教の聖地になっていることも大きく関係している。

一見、この地は奇岩が広がるばかりだが、**内部がくり抜かれており、そこに教会や修道院がつくられているの**だ。教会や修道院の数はなんと約一〇〇〇にのぼり、そこに描かれた壁画は、ビザンチン芸術を代表する作品として名高い。

こうした「岩窟教会」は、三世紀中頃から一二世紀初頭にかけてつくられた。ローマ帝国の迫害を受けたキリスト教徒たちがこの地に逃れ、岩を削って教会や修道院、礼拝堂などを建設したといわれている。

## 八層まで掘られた巨大地下都市

じつはこのカッパドキアの〝驚くべき謎〟は、一〇〇を超えるといわれる地下都市である。

そのうちのひとつ、デリンクユ（「深い井戸」の意味）は公開されているだけで地下八層にも及ぶ。内部には教会をはじめ祭室、炊事場、ワイン醸造所、井戸、トイレなどがあり、長期間生活することも可能だったと考えられている。

また、地上に通じる通気口や炊事の煙を流す排気口などが設けられていたり、非常用脱出通路が五本あり、そのうちの一本は九キロメートルも離れたカイマックルの地下都市へつながっていた。

**まるでマンションをまるごと地下に収めたような巨大な地下都市、**いったい誰が何のためにつくったのだろうか。

一般的には、地下都市を建設したのはキリスト教徒だといわれている。当初、キリスト教徒はローマ帝国の迫害から逃げてきたが、七世紀以降、イスラム帝国が勢力を拡大し、イスラム教徒に脅威を感じるようになった。そこでキリスト教徒は地下都市

奇岩をくり抜いた穴の先に地下都市が

をつくって避難したのではないかというのだ。

しかし、これとは別の説も存在する。地下都市を建設したのは、キリスト教徒よりずっと前の時代に生きていた、ヒッタイト人である可能性があるらしいのだ。

ヒッタイト人は、人類史上初めて鉄を使ったとされる民族で、紀元前一二〇〇年頃に滅んだとみられる。そのヒッタイト人について『旧約聖書』にはヘテ人と記述されており、さらに『カッパドキア文書』と称される粘土板には、ヒッタイトの首都はアナトリア平原にあった、と記されている。

こうしたことから、カッパドキアの地下都市はヒッタイト人によってつくられたと考えられるというのである。

## 『旧約聖書』が物語る惨劇

では、ヒッタイト人は何のために地下都市を築いたのか。じつは、地下都市にはなぜか生活をした跡がほとんど残されていない。日常生活の用具、壁画や碑文、文献、壁への落書きなどがまったく見つかっておらず、発見されたのはせいぜい貯蔵用とおぼしき素焼きの土器くらいしかない。まさにもぬけの殻である。

地下都市は一〇万人を収容できる規模とされ、先述したように設備も非常に充実し

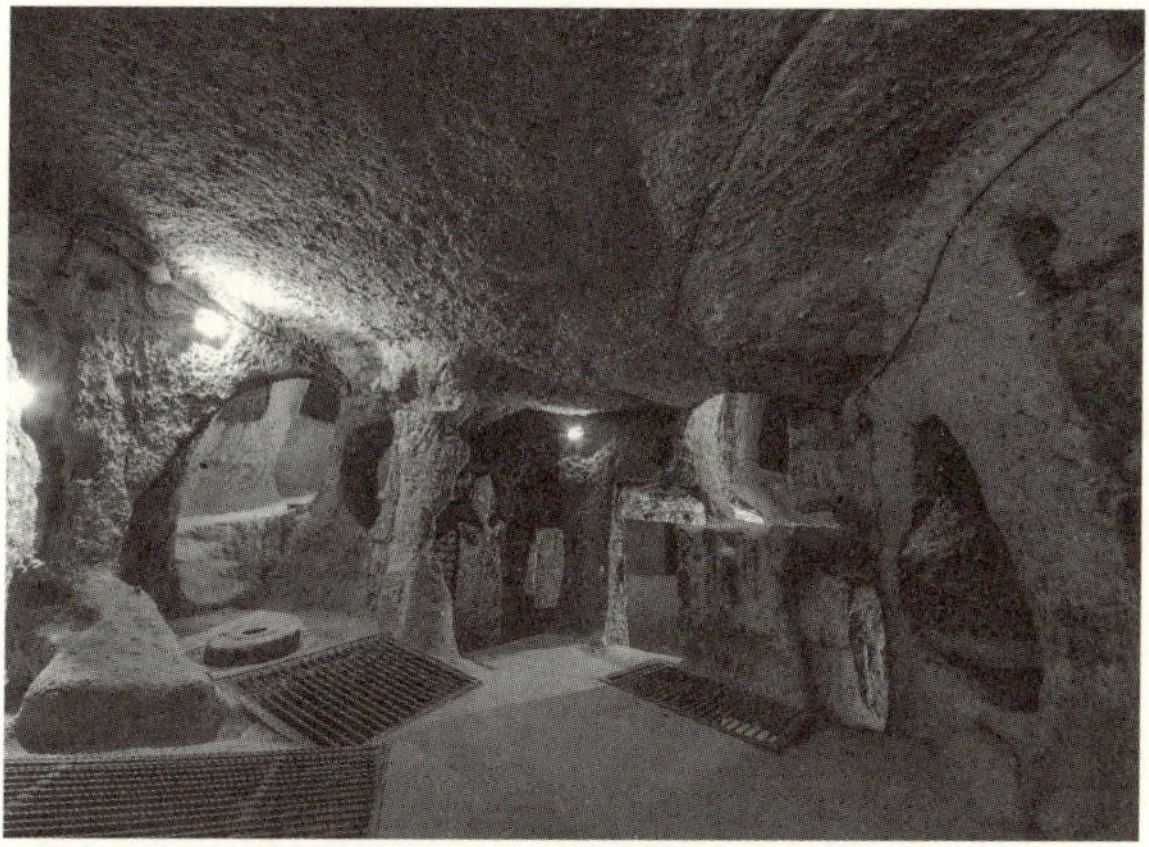

これが地下55メートル、8層構造の地下空間だ

ている。にもかかわらず、生活の跡が発掘されないとは、どういうことなのか。

この謎は『旧約聖書』の記述にヒントが。

**『旧約聖書』の「創世記」には、ソドムとゴモラという二つの町が、神によって滅ぼされるようすが描かれている。**

それはまるで核兵器を用いた大戦争のような描写だ。作家の平川陽一氏によると、その昔、大戦争が勃発する予兆があり、ヒッタイト人はそれから逃れるために地下都市を築いた可能性があるという。

昨今、世界情勢がめまぐるしく変化するなか、核シェルターに注目が集まっているが、残念ながら歴史は繰り返されるというのか。人類の未来のための教訓としても、この地下都市の今後の真相解明が待たれる。

# 聖母マリアの「聖衣が納められている教会」の秘密

シャルトル大聖堂（フランス）

## 「湧き出る泉」の秘密とは？

フランス・ゴシック建築の最高峰といわれる世界遺産が、パリの南西八〇キロメートル、シャルトルの街にある「シャルトル大聖堂」である。

高さ一〇〇メートルを超える二基の尖塔が天高くそびえ、内部には総面積二〇〇〇平方メートルのステンドグラスが施される。その青い光は「シャルトル・ブルー」と呼ばれ、聖堂内を神々しく染め上げる。キリスト教徒で文字を読めなかった者は、ステンドグラスに描かれた聖書の物語を見て、神を身近に感じていたという。

じつは、**シャルトルの地はキリスト教伝来以前から聖地とされていた**。湧き出る泉が大地のエネルギーとみなされ、ガリア人に信仰されていたのである。その後、キリスト教が伝わり影響力を強めると、大聖堂が建設されることになったのだ。

やがて聖母マリアにちなむ祝祭日に、多くの巡礼者が訪れはじめる。聖母マリアが

ステンドグラスで聖書の物語が描かれているというシャルトル大聖堂

着ていた「聖衣」が保管されているということで、人気を博したのである。

## 権力者たちが……

いい伝えによると、聖衣は八七六年に西ローマ帝国のカール大帝（212ページ参照）より寄進されたという。

**聖櫃《せいひつ》のなかで厳重に保管されていたが、フランス革命のときに開帳され、ヴェールと大きな布が約九〇〇年ぶりに人々の目にふれた。**以来、それらの「聖衣」は歴代の権力者たちによって少しずつ切り取られ、御守りとして用いられたという。

しかしながら、聖衣が本当に聖母マリアのものかどうかは確認されていない。

まず、カール大帝から寄進されたという

いい伝えに関しては、極めて信憑性が低い。カール大帝は寄進したとされる八七六年より以前の八一四年にすでに亡くなっているからだ。実際はその息子のカール二世が寄進したものではないかといわれている。

そして、科学的な分析が行なわれた結果、聖衣はおよそ二〇〇〇年前にシリアでつくられた布であると判明。キリストや聖母マリアが生きていた時代と符合するため、本物である可能性が高まった。

しかしたとえ製造年代が判明しても、聖母マリアが身に着けたかどうかまでは科学の力をもってしてもわからず、聖衣の正体はいまも謎のままなのだ。

## 不気味な「黒いマリア像」の謎

このシャルトル大聖堂には、ほかにも多くの謎が隠されている。

たとえば、大聖堂の設計者が誰かわからない。シトー修道会の秘密結社・テンプル騎士団がつくったという説もあるが、確たる証拠はない。

「黒い聖母」の謎も有名だ。聖母マリアといえば純白あるいは薄い青の布をまとった姿が一般的だが、**シャルトル大聖堂の地下に祀られている聖母マリアの像はなぜか黒い。黒い肌の上に、白い衣服がかぶせられている**のだ。なぜ黒いのか。

聖母マリアが着ていたと伝わる着衣の服地。聖遺物として祀られている

考えられるのは、キリスト教以前の信仰とのかかわりである。

古代のガリア人は黒色の「子を産む処女像」を豊穣の象徴として崇拝しており、シャルトル近郊からは黒い処女像が多数出土している。

後世、黒い処女像を発見したキリスト教徒は聖母マリアと同一視し、黒い聖母の像をつくった、との可能性が考えられるという。

単にススがついただけだと主張する識者もいるが、黒い聖母の存在はシャルトル大聖堂にとってはプラスに働いた。土にまみれて働く農民に親近感を持たれ、多くの信徒を集めることになったのだ。

# 世界遺産が『ハリー・ポッター』のロケ地に

ダラム城と大聖堂（イギリス）



## 死後一〇年腐らなかった遺体

キリスト教のカトリックでは、聖職者を聖人として崇めることがある。殉教者や徳行を積んだ人物の栄誉を称え、教皇庁の聖人リストに加えるのだ。

たとえば、イエス・キリストの弟子たち（ユダを除く一二使徒）、典礼の整備を行なった聖グレゴリイ（グレゴリウス一世）などがあげられる。

イギリス北部の町、リンディスファーンで活動していたカスバート司教も聖人の一人。彼は六八七年に亡くなった高名な聖職者で、その遺体は死後一〇年経過しても腐敗しなかったと伝わる。また一二世紀頃に制作された『聖カスバート伝』には、**信仰者を守るために起こしたとされる数々の奇跡**が記されている。

現在、聖カスバートはイングランド北部に位置する「ダラム大聖堂」に祀られている。ダラムはイングランドとスコットランドの国境付近にある町で、対スコットランド

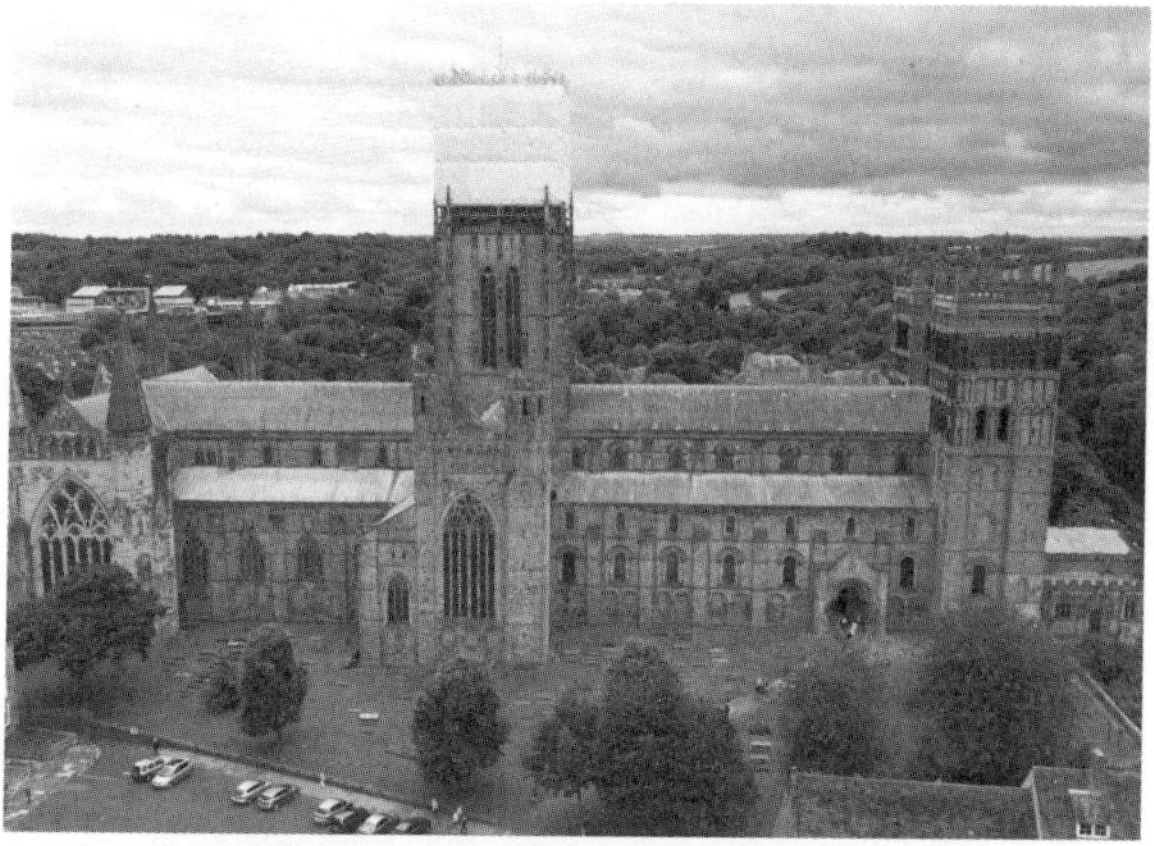

数々の奇跡を起こしたという聖人カスバートを祀るダラム大聖堂

ドの最前線基地として築かれた。その町の中心に鎮座しているのが一〇九三年創建のダラム大聖堂だ。

シンボルである高さ六六メートルの塔からは市街地が一望でき、肋骨状にアーチを組んだ構造はノルマン・ロマネスク様式の最高傑作といわれるほど評価が高い。

すぐ近くには、一一世紀にウイリアム一世が建てたダラム城があり、一九八六年にどちらも世界遺産に登録された。最近では、人気映画『ハリー・ポッター』シリーズの舞台としても使われているので、目にした方も多いだろう。

## 聖人の女性嫌いが原因!?

ダラム大聖堂には日本からの観光客も多

いが、ひとつ奇妙な点がある。通常の教会は聖堂の東側に聖マリア教会を配するのに対し、ダラム大聖堂はなぜか逆の西側に配している。

なぜ、こうした異例のレイアウトにしたのだろうか。答えは、**聖カスバートの「性格」に関係がある。**

ダラム大聖堂は一三世紀から一五世紀にかけて、もともとあった聖堂を改築する形で建造された。その後、キリスト教徒との間で聖母マリア信仰が広まると、大聖堂に聖マリア教会（レディチャペル）を併設することが決まり、通例にのっとり東側に配置することになった。

しかし、工事は遅々として進まなかった。

建物の石材がある程度まで積み上がると、どういうわけか勝手に崩れてきてしまうからである。崩れればまた一から積み直すしかないが、何度積み直しても同じ高さで崩れてしまい、なすすべがなかった。

この奇妙な現象について、人々は聖カスバートの仕業に違いないと噂した。彼は生前、大の〝女性嫌い〟だったから、**聖母マリアを寄せつけないようにしているのではないかというのだ。**

そこで工事関係者は、大聖堂の東側ではなく西側に聖マリア教会を建てることにし

大の女性嫌いだったとされるカスバート。そのために数々の女性が……

た。すると石積みは崩れず、無事に建てることができたという。

この逸話はイングランド中に伝わった。一四世紀、ダラムを訪問した王妃が大聖堂に宿泊しようとした際には、聖カスバートの怒りを買う恐れがあるという理由で夜中に起こされ、ダラム城へ移動するはめになった。

王妃は仕方なく、大聖堂を避けるように遠回りして城へ向かったという。

現在、大聖堂の聖水盤の前の床に引かれているラインは、女性の立ち入りを禁じるために引かれたものとされる。**「ここから先は女性侵入禁止」**というわけだ。

女性嫌いもここまでくると後世にとって困ったものであるが……。

200

# ルネサンス期の「フィレンツェ」の栄華と影

フィレンツェ歴史地区（イタリア）

## 街中が美術館のような奇跡の都市

ダ・ヴィンチ、ミケランジェロ、ラファエロ、ブリューゲルなどが活躍したルネサンス。ルネサンスとは一四世紀から一六世紀にかけて、ヨーロッパで起きた学問上・芸術上の革新運動のことで、イタリアではフィレンツェ、ミラノ、ローマ、ヴェネツィア、ナポリなどの都市で花開いた。

そのなかでもとくに重要な役割を果たしたのが、イタリア中部のフィレンツェだ。紀元前五九年、もともとローマの植民地として拓かれたフィレンツェは、徐々に街の規模を拡大させていき、一二世紀には神聖ローマ帝国の皇帝によって自治地区として認められた。

その後、毛織物や金融業によって経済的に成長。一三世紀までにヨーロッパでも有数の経済都市となった。

現在も、当時の歴史的建造物や名だたる芸術家たちの名作が残されており、一九八二年に「フィレンツェ歴史地区」として世界遺産に登録された。

街全体が美術館といっても過言ではなく、世界中から多くの観光客が押し寄せる。

## ルネサンスの庇護者メディチ家の秘密とは

ルネサンス華やかなりし一五～一六世紀、フィレンツェには絶対的な権力者一族が存在した。メディチ家である。

**最初、メディチ家は金融業で成功した。** 一四世紀の当主であるジョヴァンニ・ディ・ビッチ・デ・メディチはローマの銀行を共同経営したあと、一三九七年にフィレンツェで銀行商会を設立。本店のフィレンツェのほか、ローマやナポリ、ヴェネツィアなどに支店を出し、業務を拡大していく。

やがてローマ教皇庁の財務管理を任されるようになると、ジョヴァンニの子のコジモが財力を背景に政治的基盤を拡大。フィレンツェの実権を握った。

そしてコジモの孫のロレンツォは芸術や学問を保護し、ルネサンスの発展に大きく貢献する。このロレンツォの時代がメディチ家の最盛期といえる。その後、財政の不安定化、国外追放といった苦境を経験したが持ち直し、ローマ教皇のレオ一〇世とクレメンス七世、フランス王妃カトリーヌ・ド・メディシス（111ページ参照）を輩出するなど権勢を保持。およそ三〇〇年にわたり、フィレンツェの支配者であり続けた。メディチ家の台頭なくして、フィレンツェは繁栄しなかったかもしれない。ルネサンスもどこまで興隆していたかわからない。

メディチ家はそれほど大きな存在なのだ。

ところが、**不思議なことにその出自が昔から謎とされている**。出自を重んじるヨーロッパ社会において、ジョヴァンニ以前の出自が不明なのである。

## 医者か金融業者か、それとも……

一説によると、先祖は八世紀後半に西ヨーロッパを統一したフランク王国の王・カール大帝の騎士だったといわれている。その名はアヴェラルド。イタリア中部トスカーナ地方のムジェッロで悪さをしていた巨人と戦い、それを倒したことで大帝に認められたという。しかし、これはメディチ家による創作でしかない。権力者が後づけで神話をつくり上げることはよくある話だ。

じつは、**謎を解くカギは「紋章」にある**といわれている。

メディチ家の紋章を見ると、球体が並んでいることに気づくだろう。この球体は丸

フィレンツェの町を牛耳ったメディチ家の紋章。「謎の球体」に隠されたのは……

薬をあらわしたもので、もともと医者だったのではないかというのである。「メディチ」という姓も医者、あるいは薬屋を意味することから、信憑性は高いように思われる。

ところが、医療関係者が加入していた組合の名簿ではメディチ家の名を確認できず、確証は得られていない。

それどころか、紋章の球体は丸薬ではなくコインをモチーフにしており、もとは金融業者か質屋だった可能性があるという反論が唱えられているのだ。

はたしてその正体は――。どんな出自にせよ、フィレンツェとルネサンスの発展を後押ししたことはまぎれもない事実である。

# 北欧の海賊「ヴァイキング」の遺跡からとんでもないものが出てきた

ビルカとホーヴゴーデン（スウェーデン）



## スウェーデンに残るヴァイキングの島

海賊といえば、アニメや映画の主人公になるなど、どこか空想上の存在のように思えるが、歴史上実在していた。世界でもっとも有名な海賊は、北欧の「ヴァイキング」だろう。

では、ヴァイキングと世界遺産にいったいどんな関係が？　と思われるかもしれないが、海を荒らしまわり、略奪や侵略を繰り返していたというイメージは、じつは一側面にすぎないのだ。

**ヴァイキングはスカンジナビア半島やデンマークを根拠地として、交易など経済活動も行ない、ヨーロッパやロシアに大きな影響を与えた。**

また、植民して国家をつくるヴァイキングもいた。

たとえば、アイスランドはヴァイキングの末裔《まつえい》の国として知られている。その他、

ヴァイキングの遺跡があるビルカの町。発掘物が新たな謎を生む

各国に勢力を伸ばすほど力を持っていたのである。

そんなヴァイキングの痕跡がはっきりと残されている。八～一〇世紀頃に栄えたスウェーデンの都市遺跡「ビルカ」と「ホーヴゴーデン」だ。

ビルカはスウェーデンの首都ストックホルムから西へ約二五キロ離れた、湖に浮かぶ島にある町で、ヴァイキング最大の交易拠点であった。

当時の港湾跡や遺品の数々がたくさん発掘されている。

また、墳墓が約二五〇〇基も見つかっており、そこで**北ヨーロッパ、東ヨーロッパのビザンチン帝国、中国からの渡来品**が副葬品として出土している。

ヴァイキングの勢力範囲がいかに広域に及んでいたかがわかるのだ。

交易拠点として栄えたビルカに対して、ホーヴゴーデンは王宮の所在地、行政の中心地として機能しており、王宮の跡や王族の墓が残されている。

ビルカもホーヴゴーデンも現在は静かな町であるが、貴重な遺跡が残る土地として注目を集め、一九九三年に世界遺産に登録された。

## 歴史をゆるがす新たなヴァイキング像なのか

興味深いのは、ビルカで近年、ヴァイキングの常識をくつがえす大きな発見がなされていることである。

それまで、ヴァイキングの社会は男性中心だったと考えられていた。実際、ヴァイキングの墓には剣が添えられているなど、男性的な権力が示されている。一部、アイルランドの文献に「赤い娘」と呼ばれる赤毛の女性リーダーがいたことが記されているが、極めて稀な事例とみなされていた。

しかし、ストックホルム大学の研究者がビルカにある**戦士の墳墓から出土したヴァイキングの遺骨を調べたところ、女性のものであることが判明**。

また、膝の骨の上にゲームのこまが置いてあったことから、この女性が戦術を練っ

## ■ヴァイキングの勢力圏

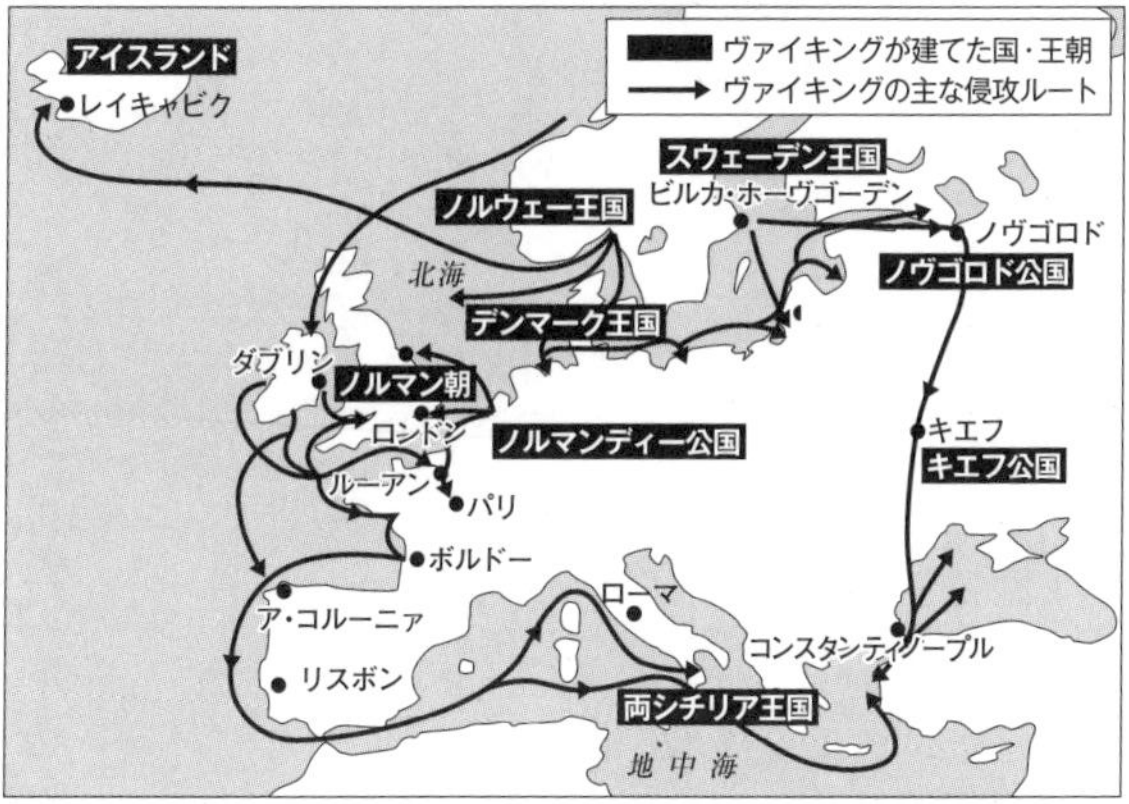


ていたこともわかった。

つまり、**ヴァイキングには女性の戦士、しかも指導者的存在がいたことが明らかになったのである。**

強さと賢さ、しかもリーダーシップまで兼ね備えていた女性戦士とは、どのような人物だったのだろうか。

もしかすると、ビルカにある未発掘の墳墓にまだ見ぬ女性戦士が眠っているかもしれない。

今後の発掘に期待が集まる。

# 一六〇〇年間サビたことがない・インド「モスクの鉄柱」

デリーのクトゥブ・ミナールとその建造物群（インド）

## 大きなイスラム教の尖塔

さまざまな宗教が歴史を織りなすインドでは、多彩な文化遺産を見ることができる。首都デリーから南へ一四キロメートルほど行ったメハラウリ村には、「クトゥブ・ミナール」という塔とその関連建造物から構成された、イスラム建築群の世界遺産が存在する。

クトゥブ・ミナールは高さ七二・五メートル（ビル二〇階分に相当！）、基部直径が一四・三二メートルの巨大な石造りの尖塔で、インドに現存する歴史的な塔のなかではもっとも高い。

五層からなる塔の壁には、イスラム教の聖典『コーラン』の章句やイスラム美術によく用いられるアラベスクが刻まれており、威厳とともに気高さも感じさせる。

この塔を建立したのは、一三世紀初頭にイスラム王朝を開いた軍人クトゥブッディーン・アイバク。アイバクは当時インドを支配していたアフガニスタンのゴール王朝を打倒すると、その記念としてインド最初のモスクであるクトゥブ・モスクと、クトゥブ・ミナールを建立した。この地にはもともとヒンドゥー教やジャイナ教の寺院が立ち並んでいたが、それらを取り壊してイスラム教の建築物をつくったのだ。

## モスク内の〝異教の鉄柱〟

世界遺産に指定されているクトゥブ・ミナールと関連建造物には、興味深い建築物がもうひとつ含まれている。クトゥブ・モスクの敷地内に立つ一本の鉄柱だ。

**「アショカピラー（アショーカ王の柱）」と呼ばれるこの鉄柱は高さ約七メートル、直径四四センチメートルの円柱で、天を突くように立っている。**かつては頂きに、ヒンドゥー教の神であるガルーダの像がはめ込まれていたと推測される。

また、表面にあるサンスクリット語の碑文には、「ヒンドゥー教の神の一柱であるヴィシュヌを讃えるため、チャンドラグプタ二世が建立した」と記されている。チャンドラグプタ二世とは、三八〇年から四一五年頃まで在位したグプタ朝の第三代国王。

つまり鉄柱は、アイバクがモスクを建立するはるか前の時代につくられたことになるのだ。ちなみに、「アショカピラー」とはいうものの、仏教を庇護したことで知られるアショーカ王の建てたものではない。

伝承によると、鉄柱は当初、別の地に建てられていたが、のちに現在地へ移され、やがてモスクに組み込まれた。アイバクは先述のように異教の寺院を次々に解体したが、この鉄柱だけはなぜか壊さなかったのだ。

## 専門家たちを悩ませる謎

そうした来歴もさることながら、鉄柱はその材質の面でも大きな注目を集めている。通常、鉄は野外で雨ざらしになっていると、たちまち酸化して赤いサビがつく。高温多湿で、雨季には二〇〇〇ミリもの降水量を記録するその地域ではなおさらだ。

ところが、この**鉄柱は建立されてからおよそ一六〇〇年が経過しているにもかかわらず、ほとんどサビていない**。表層部分はわずかなサビが見られるが、それ以外はほとんどなく、まるで新造された鉄材を使っているように感じられる。

このことは昔から知られていたようで、一四世紀に記された探検家の旅行記には、「七つの金属からつくられている」「円柱の一部には、人差し指の長さの磨かれた部分があって、そのすり減ったところはキラキラと光沢がある。もしそれが鉄であれば、そこに跡はつかないはずである」とある。

鉄柱なのになぜ!? 「アショカピラー(アショーカ王の柱)」

では、この鉄柱にはどのような謎が隠されているのだろうか。

一説によると、**純度九九・七二パーセントの鉄でできている**といわれるが、専門家によるとたとえ純度が高くてもサビは生じるという。腐食を避ける目的でリンが多く含まれているとの説もあるが、リンを増やせば強度が落ちるため、一六〇〇年もの間もたない可能性が高い。

もっとも有力なのが偶然、鉄柱の表面にリンの酸化物が皮膜状にこびりついたとする説。しかし、これも検証されたわけではなく、サビない謎はいまだ解明に至っていない。

先のアイバクはこの不思議に気づいていて、壊さなかったのかもしれない。

# 世界遺産第一号は「ドイツの大聖堂」いったいなぜ？

アーヘン大聖堂（ドイツ）

## 聖堂を築いたカール大帝

フランス、イタリア、ドイツ。この現代の西ヨーロッパ主要国の基礎を築いた人物が、フランク族の王であったカール大帝（七四二〜八一四年）だ。

カール大帝はローマ帝国滅亡後、さまざまな民族や国家が争っていたヨーロッパをまとめあげたほか、イスラム勢力を撃退。

八〇〇年にはローマ（現バチカン市国）のサン・ピエトロ聖堂で教皇レオ三世から冠を授けられ、西ローマ帝国を復活させた。

そして東ローマ帝国に対抗するため、キリスト教の布教に力を入れ、領土の拡張に力を入れた。彼にとって、東ローマは常に意識せざるを得ない存在だった。

そのカール大帝が帝国の都を置いたのがドイツ西部、ベルギーやオランダとの国境付近に位置する「アーヘン」であった。

かつて神聖ローマ帝国の戴冠式が行なわれていたアーヘン大聖堂

アーヘンは温泉保養地として古くから知られていた町で、ローマ駐留軍の保養地兼軍事的拠点として発達した。

現在の旧市街はグラーベン（濠）という名の通りで囲まれており、その内部に大聖堂や王宮を改築したゴシック様式の市庁舎がそびえ立つ。

そのなかで圧倒的な存在感を誇るのが**「アーヘン大聖堂」**である。

カール大帝によって七八五年頃から建設が始められ、完成後は一〇世紀半ばから約六〇〇年にわたり歴代神聖ローマ皇帝の戴冠式が行なわれた。

**ビザンチン様式やドイツ・ロマネスク様式、ゴシック様式**など複数の建築様式が複合された構造、中心部に飾られている青いステンドグラス、高さ三二メートルの八角形のドーム、黄金を散りばめた壁画や天井など見所は数多い。

一九七八年に世界遺産第一号として登録された一二カ所のうちのひとつである。

## 胸像のなかには……

アーヘン大聖堂の隣には宝物館があり、カール大帝の上半身の像も展示されている。像は銀製で、表面に金箔が貼られている。冠を戴き、立派なヒゲをたくわえたカール大帝の姿を写実的に模した像だ。

じつはこの半身像は櫃《ひつ》にもなっており、内部に驚くべきものが納められている。カール大帝の頭蓋骨である。

ヨーロッパの基礎を築いた偉大な人物の遺骨ならば、豪壮な棺に入れて丁寧に埋葬するほうが適切なように思われるが、いったいなぜ、このような場所に納めることになったのだろうか。

カール大帝は八一四年にアーヘンで亡くなり、大聖堂に埋葬された。その後、一〇〇〇年と一一六五年に遺体が開帳された。一〇〇〇年に開帳した際には、頭に冠を戴き、膝の上に福音書を乗せた状態で大理石の玉座に座っていたという。

アーヘン大聖堂に祀られるカール大帝の半身像。異様ともいえる威厳さの裏に……

そして死後五〇〇年以上がすぎた一三四九年、カール大帝を崇敬してやまない神聖ローマ皇帝カール四世の手により半身像が製作された。

このとき、**像の内部に頭蓋骨だけが納められ、それ以外の遺骨は別の箱に入れられた**のである。

この扱いを、少々薄気味悪く感じる人もいるだろう。しかし、キリスト教では聖人の遺骸や遺品などを「聖遺物」として信仰の対象にするケースが少なくない。

カール大帝の遺骨がこうした形で残されることになったのも、彼を尊崇する当時の人々にとってはごく普通のことだったのである。

# ギリシャ「エーゲ海の島」に建っていた港をまたぐ巨大な像

ロードス島の中世都市（ギリシャ）



## 騎士団がつくり上げた中世都市

青い海と空、白い砂浜に街並み……美しい青と白のコントラストを堪能できるエーゲ海クルーズ。そこで外せない人気スポットがギリシャの「ロードス島」だ。

全長約四キロの城壁に囲まれた城塞都市。中世ヨーロッパの面影が色濃く残されており、石畳が敷かれた路地を歩いていると、まるで中世にタイムスリップしたような錯覚に陥る。一九八八年には「ロードス島の中世都市」として世界遺産に登録された。

古来、ロードス島は戦乱の絶えない島だった。紀元前四〇八年に町がつくられ、地中海交易の中心地として栄えたものの、ローマに占領されると次第に衰退していく。

一四世紀、おもにヨーロッパの名家出身者で構成されたヨハネ騎士団が移住してくると、島は再び繁栄した。島を囲む城壁や騎士団の館をはじめとする建築物など、現存する中世の遺構はこの時代につくられたものだ。

ところが一六世紀、今度はオスマン帝国の襲撃を受ける。騎士団は果敢に立ち向かったが、総勢二〇〇〇人あまりの兵力では太刀打ちできず、オスマン帝国の支配下に置かれることになった。

こうした歴史をもつロードス島には、**「世界七不思議」のひとつ**に数えられる大きな謎が残されている。**前三世紀、自由の女神よりも巨大な像があったというの**だ。

現代のような建設機械がなかった時代に建造された、驚くべき大きさの像。その姿はどのようなものだったのだろうか。

## 大股を開いていた？

その巨像は、紀元前三〇四年に起こったマケドニア軍の侵攻を機に建設されたと伝わる。四万もの大軍を擁するマケドニア軍に対し、ロードス島の住民はエジプトからの援軍を受けて抵抗。見事、マケドニア軍の撃退に成功した。その勝利を神に感謝するため、住民は太陽神ヘリオスを模した巨像を建設したという。

青銅製のこの巨像は高さ三〇メートルを超え、台座を合わせれば五〇メートルに達したとされる。右手に掲げた鍋は煮えたぎった油や鉛《なまり》で満たされており、敵の船が侵入するのを防いでいたという。

しかし、巨像について記した文献は極めて少なく、このような言い伝えが真実かどうかはわからない。それでも限られた文献や地理的条件をもとに、次のようなイメージが考えられている。

**巨像の設置場所は港の入り口。大海を向き、大股を開いて、港をまたぐように建っていた。船は像の股下を抜けて港を出入りしていた。**また、内部のらせん階段を利用すると頭部まで上ることができたという。

ただ、この巨像のイメージを否定する識者も少なくない。港をまたぐ二つの岬の間は六〇メートルほどの幅があり、もし本当に港をまたいでいたとすると、像は五〇メートルよりさらに高くなければならないのである。

## なぜ巨像は倒壊してしまったのか

当時の人々がどのような姿の巨像を見ていたか、真相は定かでない。いずれにせよ、巨像の寿命は短かった。巨像の完成から五八年後の紀元前二二六年、ロードス島は大きな地震に襲われ、巨像は膝から折れて倒壊してしまったのである。

島のシンボルの倒壊という悲しい現実に直面した住民のなかからは、再建案も出された。しかし、大地震は神に似せた像をつくったことに対する罰ではないか、との意

「世界七不思議」とされるロードス島・巨像の想像図。股下に船が通っている

見が唱えられ、再建されることはなかった。

結局、**倒壊した巨像の残骸は八〇〇年も放置**され続け、皮肉にも当時の観光の目玉になったという。

六五四年、残骸はイスラムの商人たちに持ち去られ、島から巨像の痕跡は消え去った。遺構は一切残されておらず、そのことが巨像を世界七不思議の座にとどめている。

二〇一五年一〇月には、**巨像を再現するプロジェクトが発表された。**ギリシャが中心となり、全長一五〇メートルという当時のものより格段に大きな像を建設する予定だという。

新たな巨像がどのような姿でつくられるのか、興味深い。

## 【主な参考文献】

アンソニー・F・アヴェニ『ナスカ地上絵の謎』、イヴ・コア『ヴァイキング』、クレール・コンスタン『ヴェルサイユ宮殿の歴史』、ジャン-ピエール・モエン『巨石文化の謎』、ロビン・ヒース『ストーンヘンジ』（以上、創元社）／河谷龍彦『図説イエス・キリスト』、薩摩秀登『図説チェコとスロヴァキア』、ジル・ヴァン・グラスドルフ『ダライ・ラマ』、高橋正男『図説聖地イェルサレム』、中嶋浩郎『図説メディチ家』、前田耕作 山根聡『アフガニスタン史』、森谷公俊『図説アレクサンドロス大王』（以上、河出書房新社）／『週刊世界百不思議』、小川国夫『祈りの大聖堂 シャルトル』、東山健吾『敦煌三大石窟』、藤沢道郎『メディチ家はなぜ栄えたか』、吉國恒雄『グレートジンバブウェ』、若桑みどり『フィレンツェ』（以上、講談社）／三好和義『中国世界遺産』、高田良信『法隆寺の謎と秘話』（以上、小学館）／柿崎一郎『物語タイの歴史』、寺田隆信『紫禁城史話』、根本敬『物語ビルマの歴史』、秦野るり子『バチカン』（以上、中央公論新社）／魚住昌良『世界歴史の旅 ドイツ』、辛島昇 坂田貞二編『世界歴史の旅 北インド』、関哲行編『世界歴史の旅 スペイン』、富田理恵『世界歴史の旅 スコットランド』（以上、山川出版社）／コリン・ウィルソン ダモン・ウィルソン『世界不思議百科』、ロビン・レイン・フォックス『アレクサンドロス大王』（以上、青土社）／西ヶ谷恭弘『日本の城郭を歩く』、藤井勝彦『中国の世界遺産』（以上、JTBパブリッシング）／恩田陸 NHK「失われた文明」プロジェクト『NHKスペシャル 失われた文明マヤ』、NHK「新シルクロード」プロジェクト編著『NHKスペシャル 新シルクロード』（以上、日本放送出版協会）／武澤秀一『法隆寺の謎を解く』、平山和充『裏読み世界遺産』、福永正明『インド旅案内』（以上、筑摩書房）／泉保也『世界不思議大全』、クラウス・ドナ ラインハルト・ハベック『オーパーツ大全』、並木伸一郎『ムー的世界の新七不思議』、橋川卓也構成・文 高橋良典監修『人類は核戦争で一度滅んだ』、南山宏『古代核戦争の謎』（以上、学研）／高士宗明『メキシコ紀行』、増田幸弘『黒いチェコ』（以上、彩流社）／吉村作治監修『埋もれた古代文明の謎』、ブライアン・M・フェイガン編『古代世界70の不思議』（以上、東京書籍）／日経サイエンス編集部編『別冊日経サイエンス』（日経サイエンス社）／岩宮武二『ボロブドゥール』（岩波書店）／地球の歩き方編集室『世界遺産ナスカの地上絵完全ガイド』（ダイヤモンド社）／平川陽一『世界遺産・封印されたミステリー』（PHP研究所）／井波律子『中国史重要人物101』（新書館）／B・アルムグレン編『図説ヴァイキングの歴史』（原書房）／木村重信『失われた文明を求めて』（KBI出版）／須磨章 NHK世界遺産プロジェクト『世界遺産 知られざる物語』（KADOKAWA）／井上幸孝『メソアメリカを知るための58章』（明石書店）／宮崎正勝監修『世界遺産でわかる世界の歴史』（平凡社）／宮原辰夫『インド・イスラーム王朝の物語とその建築物』（春風社）／並木伸一郎監修『世界驚愕ミステリー実録99』（双葉社）／松本慎二『世界遺産で巡るフランス歴史の旅』（朝日新聞出版）／紅山雪夫『フランスの城と街道』（トラベルジャーナル）／アミール・D・アクゼル『神父と頭蓋骨』（早川書房）／怪奇ミステリー研究会編『呪われた世界地図』（彩図社）／リュック・ブノワ『ヴェルサイユの歴史』（白水社）／平川陽一『ディープな世界遺産』（大和書房）／世界遺産検定事務局著 NPO法人世界遺産アカデミー監修『すべてがわかる世界遺産大事典』（マイナビ）／「旅名人」編集部編『旅名人ブックス58スコットランド』（日経BP企画）／大村幸弘『カッパドキア』（集英社）／ユネスコ 日高健一郎監訳『世界遺産百科』（柊風舎）／酒井傳六『熱砂の文明99の謎』（産報）／池内紀監修『ドイツ』（新潮社）／マンフレッド・マイ『50のドラマで知るドイツの歴史』（ミネルヴァ書房）／島田裕巳監修『世界遺産で見る仏教入門』（世界文化社）／渡辺建夫『タージ・マハル物語』（朝日新聞社）／石濱裕美子『ダライ・ラマと転生』（扶桑社）／グレン・H・ムリン『14人のダライ・ラマ』（春秋社）／ピーター・ジェイムズ ニック・ソープ 皆神竜太郎監修『古代文明の謎はどこまで解けたかⅠ』（太田出版）／三浦清宏『幽霊にさわられて』（南雲堂）／出口保夫『図説ロンドン塔と英国王室の九百年』（柏書房）／実松克義『マヤ文明』（現代書館）／島村菜津『エクソシスト急募』（メディアファクトリー）／トレイシー・ウイルキンソン『バチカン・エクソシスト』（文藝春秋）／ピーター・ミルワード『天使VS悪魔』（北星堂書店）／森谷公俊『王宮炎上』（吉川弘文館）／『世界遺産 謎を呼ぶ遺跡』（ニュートンプレス）／ナショナルジオグラフィック編『ナショナルジオグラフィック日本版』（日経ナショナルジオグラフィック）／『古代文明と遺跡の謎・総解説』（自由国民社）／『世界遺産［全データ］大事典』（新人物往来社）

本書は、本文庫のために書き下ろされたものです。

# 世界《せかい》遺産《いさん》ミステリー


著者　博学面白倶楽部（はくがくおもしろくらぶ）

発行者　押鐘太陽

発行所　株式会社三笠書房

〒102-0072 東京都千代田区飯田橋3-3-1

電話　03-5226-5734（営業部）03-5226-5731（編集部）

http://www.mikasashobo.co.jp

印刷　誠宏印刷

製本　ナショナル製本




ISBN978-4-8379-6854-2 C0130




王様文庫

王様文庫

## 世界史ミステリー

博学面白倶楽部

歴史にはこんなに〝裏〟がある。だから、面白い！●いったい誰が書いたのか⁉ マルコ・ポーロの『東方見聞録』●タイタニック沈没にまつわる「浮かばれない噂」●リンカーン暗殺を指示した〝裏切り者〟とは？……浮かび上がる〝謎〟と〝闇〟！

## 日本史ミステリー

博学面白倶楽部

「あの大事件・人物」の謎、奇跡、伝説——「まさか」があるから、歴史は面白い！●最後の勘定奉行に疑惑あり！「徳川埋蔵金」のゆくえ●今なお続く奇習が伝える、平家の落人の秘密●あの武将も、あの政略結婚も〝替え玉〟だった……衝撃と驚愕が迫る！

## 本当は怖い世界史

堀江宏樹

愛憎・欲望・権力・迷信……こうして、歴史は動いてしまう。●処女王・エリザベス1世の夢は、夜遅くひらく●ガンジーが偉人であり続けるために〝隠していた秘密〟●ナポレオンもヒトラーも狂わされた「聖遺物」の真実——人間の本質は、いつの時代も変わらない！

K30445